El pájaro acompañado
o
La miga con la que hicieron un fiestón en un hormiguero

Santiago Sastre

EL PÁJARO ACOMPAÑADO O LA MIGA CON LA QUE HICIERON
UN FIESTÓN EN UN HORMIGUERO

Diseño de cubierta: David García Villa
Maquetación: David García Villa

Contacto: Santiago.SAriza@uclm.es

© Santiago Sastre

Primera edición: febrero de 2026

ISBN: 978-84-1988-790-0
Depósito legal: TO 35-2026

Impreso en España – *Printed in Spain*

No quiero la poesía flor, sino la poesía estalactita. La primera se marchita y fenece cuando pasan sobre ella las sombras de lo profundo, de las cuevas del hombre y de las cosas; la segunda es bella bajo tierra y, cuando se la expone al sol o se penetra en sus antros con una luz cualquiera, resplandece y muestra su permanencia.

La poesía flor responde a la lluvia con prisa y aprisiona dentro de sí las aguas anteriores. La poesía estalactita se sirve de las mismas aguas con majestuosa lentitud y las deja gotear para quedarse ella, la gran poesía, sola en su cuerpo continuo, apretado, improbable.

Con el tiempo, contra el tiempo, Ángel Crespo

Creo que los poetas son más sabios que los filósofos. Estos tratan de explicarse las causas últimas de las cosas –que son inexplicables– y no gozan de ellas. El poeta, en cambio, trata de gozar de las cosas –y hasta de ordenarlas y sistematizarlas– pero evitando explicarlas racionalmente.

Los trabajos del espíritu, Ángel Crespo

ÍNDICE

III. EL HOMBRE LOBO NO PUEDE SER VEGETARIANO

IV. UN TESTIGO DE JEHOVÁ PREDICANDO A DRÁCULA O ME GUSTA CUANDO HABLAS PORQUE ESTÁS MUY PRESENTE

V. EN EL SALÓN DE CASA ESTAMOS MEJOR QUE EN UN *RESORT* DE LUJO

VI. YA SALEN LOS TÍTULOS DE CRÉDITO

NOTA PREVIA

Se agrupan en este libro todos los poemas que he escrito después de *Remover Roma con Santiago*, mi último poemario, publicado en la editorial Ledoria en la primavera de 2025.

Mi esfuerzo principal es que los poemas no aburran, de ahí su carácter a veces provocador; se entiendan, pues prefiero llegar al lector a través de la claridad que permite ver el fondo del río (sin descuidar el empleo de imágenes literarias, que enturbian el discurso lírico); y que reflejen mi manera de concebir la vida, si bien no solo son fruto de vivencias sino también de lecturas y homenajes. Aunque no esté de moda ahora, me gusta que los poemas tengan un argumento que se desarrolle y concluyan con un final que pretenda sorprender, frente a esos poemas llenos de blablablá, que hablan de flores de plástico con palabras bonitas, en los que cada verso es de su padre y de su madre. Mi estilo, en el que no falta la narración de hechos curiosos y el sentido del humor, no es ni mejor ni peor, simplemente es mi estilo, que dice mucho de mí.

En mi historial poético este libro es el decimonoveno. Ha llovido mucho desde mi primer poemario, que apareció en el lejano 1988, hace treinta y ocho años. Es normal que se repitan temas o ideas. Últimamente me he esforzado en que sean poemarios con muchas páginas; me dejan un poco insatisfecho los poemarios breves, que se pueden leer en poco tiempo. En ese sentido el tamaño sí que me importa.

La idea del pájaro solitario la plasmó san Juan de la Cruz en sus *Dichos de luz y amor*. Es cierto que la mística invita a la soledad, pues el encuentro con Dios exige un grado de apartamiento y la compañía es un terreno difícil, foco de roces y desencuentros. Pero los mandamientos no se resumen solo en amar a Dios, sino también al prójimo, de modo que el encuentro con Dios exige pasar necesariamente por los demás. He querido dar otra visión a ese pájaro, que se sabe feliz estando acompañado. Esa compañía encaja muy bien con mi visión de la vida y de la poesía, pues tiene un componente social y cotidiano fundamental. Este es mi particular homenaje a san Juan Cruz ahora que en el 2026 se cumplen 300 años de su canonización (1726) y 100 de su declaración como doctor de la Iglesia (1926).

El poemario lleva un segundo título que alude a un haikú del poemario. Es una invitación a ver la grandeza de las pequeñas cosas. Los detalles minúsculos que ofrece la vida, representados en la miga, son tan hermosos que nos ayudan a concebir el hecho de vivir como una fiesta. Es importante abrir mucho los ojos y tener una actitud de celebración por todo lo que nos concede de forma gratuita.

He disfrutado mucho escribiendo estos poemas, que acogen en gran parte muchas de mis últimas lecturas y obsesiones. Para mí, ante todo, escribir poesía es un don y una necesidad. Ojalá los poemas encuentren algún lector, porque pienso en él a la hora de escribir. Si es así, está bien. Y si no, también estará bien, porque al menos he procurado satisfacer esa necesidad personal. En el fondo me siento un juglar que canta su canción a quien conmigo va. La vida es un milagro maravilloso y yo he nacido para cantar el inmenso poderío de su llama.

Toledo, enero de 2026

I
ENTRADILLA

EL POETA SEPARA SUS COSTILLAS PARA QUE PASE EL LECTOR

Comienzo A

Fíjate cómo mis costillas me protegen
con su muralla troyana.
Nadie toca mi respiración ni mi latido.
Ahora separo unas costillas
para que entres,
para que veas de cerca
cómo se inflan mis pulmones
y cómo mi sentir empuja la sangre
que llega a todos mis rincones.
Escribir poesía es despojarse
de tabiques y persianas.
Pasa a ver si el trigo de mi vida
te sirve para hacer pan.

AMIGO CONDUCTOR

Comienzo B

Ojalá mis versos sean conductores de electricidad
y lleven el requesón de mi corriente
hasta tus cables.
Por si su luz te ayuda a leer
la letra pequeña o el prospecto
de eso que llamamos vida.

II
POETA EN JAMÓN SERRANO

Tutear a la tierra

Igual que la Tierra
también estoy formado
por una corteza, un manto
y un núcleo.
Tengo mi estratosfera.
Con mis paralelos y meridianos
puedo localizar enseguida
un recuerdo o un dolor.
He vivido terremotos
y el despuntar furioso
de alguna erupción volcánica.
Cuando cierro los ojos
noto mi América y mi África.
Mis océanos cogen en brazos
la liquidez de mi sangre.
Como soy un planeta
puedo hablar con la Tierra
de tú a tú.

ELOGIO DE LA BONDAD

Malgré Baudelaire

Los insectos me traen en sus patitas
semillas de las flores del bien.

Diputación soy

Me parezco más
a una provincia que a una ciudad
o a una comunidad autónoma.
Me pega estar formado
por localidades pequeñas,
como mi ombligo y mis tobillos,
o más grandes,
como mis glúteos y mi cuello.
Es importante que entre ellos
haya mejores carreteras,
tengan polideportivos,
escuelas y centros de salud.
Todos se sienten bajo la bandera
de compartir un mismo territorio.
No sabía lo que era una diputación
hasta que en mi cuerpo descubrí
la provincialidad.

El maestro zen imparte una lección de poesía

Zen y ciento,
zen y cero,
zen y zas.
Zen tauro,
zen cerro,
zen so,
zen timo.
Este poema taoísta
solo se puede leer zen tao.

No me gustan las rectas

Homenaje a un poema de J. Lizano

Ya sé que las rectas
son más rápidas y matemáticas,
pero no me gustan.
Mis ojos son curvos,
mi barriga, curva;
mi manera de pensar, curva;
mi sangre, curva;
mi saliva, curva;
mi polla, curva,
mi corazón es curvo.
Las rectas tienen poco
que ver conmigo.
Las veo artificiales e insípidas.
Tienen fama de ser eficaces y eficientes.
A mí siempre me dijeron
que me torcía un poco.
Me aburre andar rectito en todo.
En el fondo la muerte
es salirse de una curva,
quedar atrapado
en la telaraña de una quietísima rectitud.

EL VERBO QUE COMETIÓ
UN ATRACO

El verbo llevaba mucho tiempo
siendo intransitivo.
Sus manos necesitaban coger un vaso,
beber vino, comer jamón,
amar, ver una película, leer un libro...
La vida de un verbo intransitivo
es dura y aburrida.
No me extraña
que atracara el diccionario
a punta de navaja
y se llevara de la caja fuerte
muchos fajos de complementos directos.

BODEGÓN CON LIMONES

Tengo querencia por los limones.
Me gusta su acidez
y su olor cítrico a felicidad.
Conocen de forma platónica
la esencia del amarillo.
Son canarios que cantan en mis ramas
la alegría de habitar
el reino de la luz.

L' ETAT C'EST MOI

Yo también podría decir
L' Etat c'est moi como Luis XIV.
Tengo unas fronteras
que me delimitan.
Cuento con un ejército
que me defendería
de cualquier ataque.
También juristas que elaboran
leyes generales y abstractas
y jueces que las aplican
en todo mi territorio,
desde el pelo de la cabeza
hasta las uñas de los pies.
Incluso con recaudadores de tributos,
que la economía no funciona sin dinero.
Además, se habla la lengua romance
del amor.
En este pequeño país
soy monarca y funcionario
de mí mismo.

EL GRILLO Y YO

Me he dado cuenta
de que me parezco al grillo.
No canto
sino que estridulo frotando mis alas.
Si se me acerca alguien
me callo, no quiero
que me localicen.
Vivo escondido,
como hacen las montañas.
Desde mi noche oscura
canto un cricrí
aflamencado y lírico.
Soy un poeta engrillado.
Quizá también algo grillado.

BUSCANDO LA CORRIENTE

Igual que Papillón
buscaba la ola
que lo llevara
con su balsa de cáscaras de cocos
mar adentro, lejos de los acantilados,
así también busco en mi casa
la corriente de aire
(¿dónde está, Dios mío, pero dónde?)
que me permita dormir
en esta supermegatórrida noche toledana
del mes de julio.

Dimas fue el primer teólogo

Dicen que el primer teólogo fue Dimas,
el buen ladrón.
En aquel hombre que crucificaron a su lado
igual que un delincuente
reconoció a Dios.
Era un Dios escondido
bajo la piel del sufrimiento,
sin más corona que un letrero
en el que se burlaban de su reinado.
Parecía el claro ejemplo de un perdedor.
Dimas supo arrepentirse
y abrir los ojos de la fe
en el tiempo de descuento.

MANOS DE JARDINERA

Variación de un tema de Andrés Trapiello

Conmigo has tenido manos de jardinera.
Me has quitado las hojas secas.
Me has podado para educar
la estatura de mis sueños.
Me has regado con el humus de tu paciencia.
Me has enseñado a bailar
el vals del fototropismo,
buscando la luz más corpulenta.
No sé qué hubiera sido de mí
sin tus manos de jardinera.
Seguramente los hierbajos
me habrían crecido.
Y mi savia sería
tremendamente sosa y cabizbaja.
Me has esculpido para ser la planta
que quería ser
en tu jardín.

Prefiero ser horizontal

A veces soy vertical.
Por ejemplo cuando digo yo.
Cuando espero al autobús.
Cuando me ducho.
Cuando trabajo.
Cuando saco dinero del cajero.
Cuando llamo a un timbre.
Y necesito ser horizontal
cuando estoy en el sofá
viendo una película.
Cuando enfermo.
Cuando leo
y sobre todo cuando amo.
El capitalismo me empuja
hacia la verticalidad,
a llevar la espalda recta
cuando hay que sacar a flote
la personalidad
y cumplir con el empleo,
porque hay que ganarse el salario.
Pero el cuerpo me anima a ser horizontal,
a estar tumbado
disfrutando de la vida,
gozando de la existencia
como un regalo en sí.
Y de repente me siento multimillonario.

FRUTOLOGÍA

¡Mira qué independiente
y qué personalidad
tiene cada fruta en el frutero!
En el batido, en cambio,
cada una se desmiga y se amasa
en una mezcla homogénea
donde no se distingue
la pulpa y la pepita.
Tú y yo somos una macedonia:
cada uno mantiene
el brillo de su cuerpo
y en la boca formamos
el sabor de una fruta nueva
que procede del mismo árbol.

LA NECESIDAD DEL MELANCÓLICO EN UNA FIESTA

*Versión de un poema de Juan Antonio
González Iglesias*

Es conveniente que en las fiestas
invites siempre a alguien melancólico.
Añade hielo a la algarabía
y rebaja la efusividad,
pues no tenemos el corazón de fiesta
todo el rato.
Nos recuerda que este islote de alegría
es solo momentáneo,
no podemos esconder del todo
la pesadumbre de la vida.
Es verdad que un melancólico
no será la alegría de la huerta,
no contará chistes
y no saldrá a la pista
a dejarse la piel
moviendo el esqueleto.
Es cierto que su conversación
quizá desentone
y su gesto de indiferencia
haga que no sepa igual
la comida de las mesas.
Pero solo con su presencia
hará que la euforia
no pierda la cordura.
El entusiasmo lleva a la espalda
unas gotas de afonía.

HABLA LA PLANTA DE MI ESTUDIO

Estoy contenta.
Me gusta la música
que pones en el Spotify.
Disfruto rodeada de tantos libros
y viéndote escribir.
¿Sobre qué tratará el poema
que escribes ahora mismo?
Doy las gracias por la luz, el agua
y las sales minerales
que me han correspondido.
El tiesto podía ser
un poco más grande
pero no me importa.
Con lo que tengo
cocino la savia que me gusta.
Intento regalarte un oxígeno
que sepa a prado abierto.

ROMPER UN PREJUICIO

Para romper un prejuicio
tienes que estar sentado,
sin prisa,
con un ego que no pase
de dos en la escala de Ritchter.
Debes asumir con naturalidad
que te has equivocado muchas veces.
Y con la piqueta albañileril
tu cuerpo te arranca estas cataratas
que taponan tus sentidos.
A medida que avanza la obra
verás cómo empuja la luz,
cómo poco a poco te sube a la pupila
una mirada nueva.

El lenguaje de los objetos

Las tijeras hablan
en el idioma de las tijeras.
Los vasos, en el de los vasos.
Las llaves, en el de las llaves.
Los relojes, en el de los relojes.
Cada objeto habla en su lenguaje
con su aparato fonador.
No es posible conversar con los libros
con el lenguaje de los lapiceros,
o con el de las gafas,
o con el de los posavasos.
Igual que tú y yo
cada objeto necesita ser entendido
en su propio castellano.

Dormir sin ti

¡Qué duro es dormir sin ti!
Me giro
y no me abanica tu respiración.
Mis pies te buscan
para hacer pie
y no encuentran los tuyos.
No está tu mano cerca
para amansar mi pulso.
Sin tu calor
la cama se convierte
en una explanada aguachirle.
Quizá tú pienses lo mismo
en esa cama de hotel
en la que descansas ahora.
Solo si duermo contigo
sé que los sueños se cumplen.

Poema panteísta

Homenaje a Theilard de Chardin

Si a mí me apetece
ser pájaro, árbol o agua
o viento suave
¿cómo no pensar que al Creador
también le gustaría?
Podría divertirse
vistiéndose con una vida que no
es la suya
pero que ha salido de sus manos.
Se metería en la piel, por ejemplo,
de una seta, una hoja,
un perro o una lombriz.
Dios podría cantar
su obra desde dentro,
probar todo lo que tiene vida
con un corazón
juguetonamente panteísta.

FILOSOFÍA DEL ARCÉN

No todos los arcenes son iguales.
No es lo mismo
el arcén del desamor,
que el del camino
a la ermita del pueblo,
que el de la autovía,
que el de la enfermedad,
que el de tus pechos.
Todos están al margen.
Desde ellos se ve la vida
de los que circulan
a otra velocidad.
En todos hay una lentitud
o una cojera,
pero ofrecen a su manera otro camino.
Cada arcén te enseña
a ver la vida
con un paso de distinto tono.

LA EXTRAÑA RELACIÓN
ENTRE UN PASO DE PEATONES
Y UN MUSEO

Entro en el paso de peatones
y en medio del bullicio de la ciudad
encuentro paz.
Me siento protegido,
como si estuviera bajo techo.
Ahora tienen preferencia mis andares,
el plan que llevo
en el bolsillo.
El ruido y la mecánica se rinden
ante este Moisés
que cruza este mar de franjas blancas.
Levanto la cabeza sin miedo
para fijarme
en la belleza arquitectónica
de lo que me rodea.
Algo parecido siento
cuando entro en un museo,
donde acudo muchas veces
para encontrar una isla
donde estar a salvo
del ritmo de la modernidad.
Por eso un paso de peatones y un museo
tienen un extraño paisanaje.

EL CARCELERO FRAY JUAN DE SANTA MARÍA AYUDA A FRAY JUAN DE LA CRUZ A ESCAPARSE DE SU PRISIÓN EN TOLEDO

Por fin un carcelero
que no es severo.

No te deja bajar al comedor
para que no flagelen tu corazón.

Te da tinta y papel
para que brille en la escritura tu fe.

Te deja salir sin miedo
a tirar el cubo con orines y excrementos.

Mientras los frailes duermen siesta
un breve paseo te oxigena.

Deja tu celda entreabierta
y relaja su condición de centinela.

¡No te tardes, carcelero,
que me muero!

Lázaro sale de la cueva
y Jonás, de la ballena.
Ha pasado el diluvio y la paloma
    anuncia una tierra nueva.

LA SENSACIÓN DE LIBERTAD AL CONDUCIR

Homenaje a Rafael Alberti

¡Qué sensación de libertad
la de conducir!
Ir al sitio que te apetece
a la velocidad que consideres.
Poner la música muy alta
para que empape tu travesía.
Bajar la ventanilla
y acariciar la cabeza perruna del viento.
¿Qué más quieres?
Tienes un mar de tierra por delante
para ti solo, conductor.
Hoy han pintado la carretera
solo para tu kilometraje.

Quizá una poética

Si es *allegro*
que sea alegre.
Si es fuego
que hable
con la mano encendida.
Si es savia
que dé clases de alpinismo.
Si es esperanza
que el chirimiri
nunca borre el horizonte.
Si es poesía,
que te alegre, te encienda,
te suba a las ramas más altas
y te enseñe que por mucho que corras
donde tienes que llegar
es al centro de ti mismo.

Recordatorio de la humildad

Homenaje a Avicena

La sabiduría te invita
a caminar siempre con sandalias.

QUE LA MUERTE NO TE PILLE
CON VIDA POR VIVIR

Cuando mueres lo dejas todo.
No habrá camiones de mudanza
ni furgonetas de mensajería
que se lleven tus cosas.
Solo se irá contigo la calderilla
de lo vivido.
Por eso empieza
a descargar el equipaje.
Que solo te queden
las paredes imprescindibles
para que tu cuerpo
se sostenga y sea recognoscible.
Ojalá hayas vivido
con una noble intensidad,
te hayas comido a mordiscos
todos los puntos cardinales.
Que la muerte no te pille
con vida por vivir en el tintero.
Ojalá te lo hayas gastado todo
y tengas el corazón
en números rojos.

CORTAN EL CÉSPED DEL JARDÍN DE MI BARRIO

Me parece injusto
que no se valore lo suficiente el césped,
que alfombra con su elegante Persia el suelo.
La gente solo repara en él
cuando hay alguna calva,
alguna parte que se ha perdido
por falta de riego.
O cuando está muy alto
y molesta el desparpajo
de su pelo largo.
Ahora acaban de cortar el césped
en el jardín de mi barrio
y huele mucho a hierba.
Lo igualan para que tenga
una misma estatura.
Su mano acogedora
me recuerda que en mi áspero suelo
debería sembrar césped,
para ser más hospitalario
e invitar a que te tumbes en mí.

CRÓNICA DE UN *MUTIS* ANUNCIADO

Me acabo de ir
de la conferencia.
Ya no aguantaba más
tanto palabrerío,
tanta disquisición pomposa
que me entraba por un oído
y me salía por el otro.
He intentado ser discreto
y que no se notase mucho
mi espantada,
no hacer ni gota de ruido,
salir como si se me echase
la hora encima
y tuviera que coger el autobús.
Lo peor de todo
es que ya sabía de antemano
que me aburriría como una ostra.
Hace tiempo que no veía
un rey tan desnudo.

La poesía te lleva a muchos oficios

Muchos saben hacer cosas útiles.
Son manitas para trabajar
la electricidad y la mecánica,
la fontanería y la madera.
Yo llevo toda la vida
explicando teorías de filósofos
y hago versos, señores,
que solo picotean los gorriones despistados
porque parecen migas.
Dudo de que mi labor
incremente el Producto Nacional Bruto.
Tiene más prestigio
ir con una caja de herramientas,
saber de medicinas y de cables
que llevar un libro de Blas de Otero bajo el brazo
o explicar por qué para Tales de Mileto
todo proviene del agua.
Me consuela pensar que un verso mío
o una frase de un filósofo
pueden arreglar una tubería del adentro
o el motor de arranque
de tus ganas de vivir.
¿Quién sabe?
De repente siento que tengo algo
de médico, fontanero
y muchos oficios más
gracias a la poderosa energía
que transmiten las palabras.
Y entonces se me pasa.

ES MÁS FÁCIL QUERERTE
CUANDO LLUEVE

Es más fácil quererte cuando llueve.
La melancolía y el recogimiento
me cogen de la mano
para quedarme en mí
y te encuentro en todos mis rincones.
Me gusta refugiarme en ti
a modo de tejado
para contemplar el aguacero
(que en este caso es aguadós)
y cómo este llover viste de desnudo
a la naturaleza toda.
Es más fácil querernos cuando llueve.
La lluvia nos invita a llovernos,
a precipitarnos de la misma nube
y apagar la tierra sedienta que somos.

División en mí

Como yo soy a solas no es nadie.
Tan valiente,
tan lleno de palabras,
conformado en mis músculos
y con la honda de David en la mano.
A solas sé que puedo vencer
muchos contratiempos,
espantar cualquier nubarrón
que se ponga por delante.
A solas me crezco y soy mucho.
En cambio, cuando tengo compañía
me encojo, me condenso,
me adelgazo en este hombre tibio
en el que los demás suelen verme.
El que soy
es el que queda de dividir
el superhombre de cuando estoy a solas
y el minihombre que me surge
cuando me arruga la compañía.

JUANRAMONIANA

Y tú te irás
y se quedarán los pájaros de mi barrio
cantando en los árboles de siempre.
Mi casa se quedará sin tu orden,
sin tus pelos,
sin tu forma de estar presente.
Quizá en algún cajón
aún permanezca alguna de tus camisetas
o tus bragas.
Al principio el agua de los grifos
sabrá a nostalgia de ti.
Se hundirá demasiado el sofá
cuando me siente en él a ver la tele.
Mi huerto se quedará un poco pálido
como si no tuviera suficiente riego.
Pero yo también me iré.
Y me pondré como los pájaros de mi barrio
a cantar que la vida sigue,
a celebrar que otro amor vendrá
exactamente igual que el nuestro.

El cojín donde medito

Debajo de mi culo
está el cojín en el que medito.
El pobre no se queja.
Me hace el suelo más amable.
Me sube y me hunde hacia mí mismo
para que haga espeleología
en mis cavernas interiores.
Es césped,
serpa que me ayuda
a ir hacia mi tuétano,
hilo donde encollarme
cuando la vida
me deshilacha y me desmiga.
Y me enseña todos los días
a ser cojín para los demás.

EL ENFRIAMIENTO DE UN COLOR

En la Edad Media y el Renacimiento
el azul era el color más cálido.
Empezó a enfriarse
a partir del siglo XVII
al asociarse con el agua,
que al principio se veía de color verdoso.
El agua enfrió la sangre del azul.

Kogarashi

El viento arranca las últimas hojas de los árboles

Como tú, árbol,
me agarré con uñas y dientes a la tierra
para sujetarme ante todas las ventiscas.
Aprendí a fabricar alimento
en la minúscula parcela
en la que me tocó vivir.
Salpimenté mi savia
con el vuelo de los pájaros y los aviones
que se posaron en mis ramas.
Tarde o temprano vendrá esa ráfaga de viento
que se llevará mis últimas hojas.
Y ya no llegarán más otoños.
La horizontalidad me habrá vencido.
Mis anillos ya no podrán vivir
en otros dedos.

LA CAPACIDAD OLFATIVA
DE LOS PERROS

¡Qué forma de oler
la de los perros!
Son capaces de seguir el rastro de alguien
aunque haya pasado un mes.
El mío solo con olerme
sabe con quién he estado
y reconstruye palmo a palmo lo que he hecho.
¡Qué bueno sería
saber tanto de todos y de mí
solo con la nariz!

MUCHO DA UNA PIEDRA

A esta piedra le gustaría estar
en el muro de una iglesia gótica,
sujetando papeles con valor histórico,
en una mano libre de pecado,
en una tienda de curiosidades,
salpimentando la estatura de una colina.
Sin embargo está en el suelo
como una piedra de tantas,
al por mayor.
Me he fijado en ella
y de repente se ha sentido
más ligera que nunca,
curada de esa herida
de rodar como una donnadie.
Hoy su dureza se ha rebajado
al no ser ignorada.
Ha sido menos piedra que nunca.
Ya sabe que no es verdad
que menos da una piedra.

ENSEÑANZA VEGETAL

Qué entereza la de la planta,
atada perfectamente a sus raíces.
No tiene necesidad de subir a un autobús
para ir de un sitio a otro.
Sabe que su vida está cosida a esa tierra,
a la generosidad de ese sol,
a la lluvia que le regalan las nubes
que atraviesan su barrio.
Puede moverse un poco al son de la luz,
alargar sus manos para coger sales minerales.
Es una maestra en hacer yoga.
Nos ilumina lo poco que necesita su vivir.

EL FUEGO CRUDO

Cuando el fuego está crudo
no quema bien.

EL PISO DE ARRIBA

Todo el mundo oye pasos
por encima.
Ya sea de un vecino,
de un jefe,
o de Dios.
Alguien siempre está arriba
y estornuda
o tira de la cadena
o sube las persianas.
Siempre hay alguien
que puede aplastarte
con su techo.
No importa si vives
en el último piso:
por encima del cielo
hay otro cielo
y luego otro.
El cielo está lleno de cielos.
Por arriba siempre camina
el astronauta de la conciencia.

ATERRIZAJE FALLIDO

No paraba
de dar vueltas sobre ti
para encontrar un aeropuerto
donde aterrizar.
Pero era imposible.
No lo digo solo
por la niebla de tus dudas
y el viento de tu pelo.
Había poco espacio
para reposar mi vuelo
en tu pubis o en tu espalda
y no parabas de moverte.
Al final me quedé
sin combustible
y me estrellé.
Cuando abran la caja negra
verán todo lo que hice
por aterrizar en tu vida.

VIEJOS AL SOL

Ahí están los ancianos
sentados en las sillas
a la entrada de la residencia.
Algunos visten como si fueran a una cita,
con sus trajes oscuros
y su corbata a rayas pasada de moda.
Su colonia solo aspira a oler a limpio.
Ya no tienen nada que hacer
en toda la mañana,
solo esperar a que pase el tiempo
y llegue la hora de comer.
Ojean un periódico
pero en realidad no les interesa
estar al corriente de lo que pasa.
Su sombra es la de un palacio en ruinas;
el esplendor de un tiempo
que ya se ha oxidado.
En sus manos gotea un temblor.
Su mirada va de un sitio a otro
y cuando se detiene en algo
eso no significa que les llame la atención.
Cruza delante una chica guapa
pero el deseo es incapaz
de encender la luz del sistema nervioso.
Se limitan a ver pasar la vida,
a soportar un tiempo que no les pertenece,
sabiendo que la muerte
les llega hasta el cuello.
Les pesa llevar el verbo estar a cuestas.

Saben que su vida terminó hace tiempo.
Ahora no viven, sobreviven.
Siguen en pie porque les queda algún latido
en algún lugar del cuerpo.

La nube-taxi

La lluvia que convence a la nube
para que ir al sitio donde quiere llover.

El fraude del hombre de Piltdown

En unas excavaciones
en la localidad inglesa de Piltdown
apareció un cráneo humano en 1912.
Los expertos defendían
que se trataba de un fósil
con una antigüedad de dos millones de años.
Durante cuarenta años
se pensó que era el eslabón perdido,
la unión entre los simios y los humanos.
Más tarde se descubrió que era un fraude.
En realidad no era un fósil.
La mandíbula pertenecía a un orangután.
Alguien envejeció las piezas
quizá cociéndolas con ácido.
Las muelas habían sido limadas
para que se apreciara el desgaste
y parecieran humanas.
Por un tiempo el gato fue liebre.
Al final la ciencia devolvió
al hombre de Piltdown
al mundo de los árboles,
de donde nunca debería haber bajado.

EL CUADRADO VICIOSO

Alguien dijo que si se acaricia un círculo
se volverá vicioso.
¿Es más vicioso un círculo
o una circunferencia?
Quizá una circunferencia
porque en su interior ofrece paso libre.
A un cuadrado hay que mirarlo bien
pues puede ocultar sus vicios
en la aguda hondura de sus cuatro esquinas.

Buda y la mosca

Buda medita bajo el árbol Bodhi.
Con una extraordinaria entereza
venció las tres tentaciones
que le presentó ese demonio
llamado Mara: el deseo, el miedo y el ego.
De repente sobre un brazo
se le posó una mosca
con ganas de ser supercojonera.
La espantó y erre que erre
volvió a ponerse sobre él.
De repente la mosca sintió
que era Buda el que se había posado sobre ella.
La mosca huyó asustada.
Gracias a Buda la mosca
alcanzó la iluminación.

El endecasílabo está llorando

Homenaje a Lorca

El endecasílabo está triste,
llora que te llora.

Ha perdido sin querer
su acentuación en la sexta sílaba,
que es la fuerte o sonora.

Sin esa sílaba
le falta personalidad cantora.

Solo tiene once sílabas.
Sin el anillo en su sexto dedo
su voz ya no enamora.

Ahora está desconsolado,
llora que te llora.

La naturaleza no miente

La naturaleza no miente.
Ha nacido para decir la verdad.
Su sinceridad nos llueve constantemente.
¿Cómo van a mentir un pino, una escarola,
una mariquita, un crisantemo,
una hormiga o una coliflor?
Todos están ahí fuera
para que yo cante su franqueza.
Por ellos no dudo ni un segundo,
pondría la mano en el fuego.
La naturaleza no necesita jurar
ni poner a alguien por testigo.
En su adentro lleva
el magma palpitante de lo auténtico.
Es la reina de lo tal cual.

Para amarillear

El naranja se lava las manos
en la yema del huevo
para amarillear.

Ni tanto

La querías mucho
pero la abrazaste tanto
que la convertiste en zumo.

CARTA A UN ALUMNO
AL COMIENZO DE CURSO

Homenaje a Nuccio Ordine

Querido alumno,
te doy las gracias
porque un profesor no es nadie
si no tiene a alguien
a quien enseñar lo que sabe,
que siempre es poco
porque es mucho más
lo que me falta por saber.
Por eso nunca dejo
de ser alumno al mismo tiempo.
También te enseñaré con lo que soy,
pues no hay conocimiento
que no incorpore el aliño de la ética.
Te sirve de poco saber
si no te ayuda a ser bueno.
Me gustaría que no fueras
un pollo al que engordar
con el trigo de las ideas o los apuntes,
sino un hereje que aprende a dudar de casi todo,
incluso de mis explicaciones.
No estudies buscando
una aplicación inmediata,
pensando en lo útil
o lo que proporciona dinero.
Aprender es una actividad maravillosa en sí
que nos hace la vida
más emocionante y profunda.

Ten cuidado con la presión del mercado
que siempre quiere que hagas
algo de provecho,
siguiendo el dictamen
del pragmatismo o el capitalismo.
Disfruta de la jugosidad de esa fruta
llamada aprender
paladeándola con gusto en la boca.
Aristóteles defendía
la importancia de la filosofía
porque se situaba fuera de lo útil,
no se ensuciaba con la inminencia de la técnica,
no es un medio para conseguir algo.
Recuerdo el cuento de Rubén Darío
en el que la rosa no se conformaba
con ser bella, quería ser útil
y Dios la transformó en una col,
convirtiéndose en comestible.
El conocimiento te ayuda
a no ser esclavo de alguien,
a sentirte escultor de ti mismo.

SED MÍA

Cada uno carga con su sed.
Su empuje desde dentro
es diferente en cada persona.
Cada uno intenta
acallar esa voz interior
con alguna bebida,
pero es imposible
silenciarla del todo.
Mi sed tiene el color de mi iris
y mi pulso,
mi olor y mi boca seca.
Esta sed es solo mía.
Mientras viva
me acompañará sí o sí el eco
de este desierto.

Para elegir el postre

Mi postre es el tiramisú
si ese su
es de ella.

BANDERAS EN TU COSTA

Tienes bandera roja
y no me acerco a ti.
El carácter te pone un collar
de oleajes y acantilados.
Habrá que esperar a que amaine
la marejada.
La bandera verde
me avisará de que te han crecido
nuevamente las playas.
Y ya puedo desembarcar
mi pacífica Normandía
para bañarme en ti.

ARS UBI MATERIA
VINCITUR IPSA SUA

*A raíz de una inscripción en el dintel
de un templo situado a la entrada
del puente de Alcántara de Cáceres*

La materia así sin más
es materia sola,
aposentada en su peso,
medida y composición.
Cuando el arte se aplica a la materia
entonces vence a la naturaleza.
La belleza la eleva
a donde viven las mayúsculas
y se peina con la personalidad
de las hojas perennes.
Cualquier pieza de mármol
sueña de joven
con alquilar un apartamento
en una escultura.

Aburrimiento

Sin un burro que mienta

Decía Gómez de la Serna
que aburrirse es besar la muerte.
No sé si será para tanto,
pero el que se aburre
está como convaleciente,
atrapado en la telaraña de la desgana,
le importa un comino
lo que le diga el corazón.
En sus aguas falta *pathos*
porque se ha evaporado la pasión.
Para salir de esta indolencia
(propiamente humana,
pues dudo mucho que se aburran
los animales y las plantas)
se buscan emociones fuertes,
incluso llenar este vacío
con algún tipo de maldad,
como señalaba Dostoievski.
La vida es una invitación
a salir de la desgana.
Deja de tocarte los cojones
y piensa en lo mucho que te falta
por saber y por amar.

Error en un poema

En mi anterior poemario,
titulado *Remover Roma con Santiago*,
por error atribuía a Lope
el conocido soneto
«Mientras por competir con tu cabello»,
un clásico con el que se aborda
el tópico latino del *carpe diem*.
Le pega escribirlo a Lope
pero es de Luis de Góngora y Argote
(para compensar lo pongo con sus dos apellidos).
Los errores nos humanizan
y nos advierten de que no se puede
ser sublime sin interrupción,
a pesar del consejo de Baudelaire.
No hay vigilante
al que no se le vaya el santo al cielo.
El error es maestro de la humildad.

Curvas en la música

Al tocar esta pieza musical
Glenn Gould a veces va más deprisa,
como por autovía,
y otras, como si se tratase
de una curva peligrosa,
va más despacio.
Parece que paladeara
los puntos y los silencios.
Es milagrosamente personal
interpretar qué paso llevan
las notas musicales.

El charco

Las rosas se afanan en que les crezca
la mejor roseidad posible.
Las piedras se empeñan
en una rocosidad más contundente.
Los ríos no quieren perder
la alegría fluvial de su curso alto.
La remolacha aprende enseguida
el alemán del color morado.
Los animales y las plantas
se esfuerzan día y noche
en ser los mejores de su especie.
Todo se empeña en dar de sí
lo que mejor tiene y lo que no tiene.
Todo intenta rozar la humanidad
con la punta de los dedos.
Todo me da una lección
para no quedarme detenido
en el charco de un corazón fácil.

FRENTE A LA PISCINA

Todas las tardes del verano
bajo a la piscina de mi urbanización
pero nunca me baño.
Allí me gusta leer y tomar apuntes
para mis libros.
Las piscinas no me agradan.
Mantienen el agua como un zoo,
enjaulada en un vaso acuático,
sin brillo natural ni corriente,
domesticada con productos químicos
que no consiguen limpiarla del todo.
También es verdad
que no sé nadar con estilo
y me aburro enseguida.
Las piscinas no me atraen
por su artificialidad química.
A los ojos de los vecinos
soy una piscina llena de rarezas.

Rey al socarrat

El rey Felipe III murió
a los cuarenta y tres años.
Dicen que estaba sentado
al lado de un potente brasero
y comenzó a sudar a mares.
Convenía retirar el brasero
porque el rey se estaba
haciendo al socarrat
pero el rígido protocolo
de la corte de Austria
atribuía esa competencia
al duque de Uceda,
que estaba ausente.
Hubo que llamarlo con urgencia
para que retirara el aparatito.
Cuando el duque llegó
ya el rey olía a chamusquina.
Una enfermedad infecciosa de la piel
empezó a devorarlo esa misma noche
y se lo llevaría a la sepultura.
No sabemos si se condenó,
pero aquí probó el fuego del infierno.
Quizá eso acortaría su limpieza espiritual
en caso de ir al purgatorio.

LA PROVIDENCIA

Cuando no sé dar con la solución
trato de respirar hondo.
Quizá no conviene
esforzarse en arreglarlo.
Dejo que la providencia,
que lo gobierna todo desde el silencio,
haga su trabajo.
Y me entrego a que pase
lo que tenga que pasar.

III
EL HOMBRE LOBO
NO PUEDE SER VEGETARIANO

VOY POR LA CALLE CON MI RESPIRACIÓN DE LA MANO

Tengo casi sesenta años
¡y qué poco conozco mi respiración!
Debería conversar y pasear con ella.
Noto cómo entra
y me despeina el ánimo.
Y cómo sale ese aire viejo,
cansado de turistear por mi adentro.
No hay una respiración como la mía,
con su forma de entrar y salir,
con su esfuerzo atlético
para levantarme el pecho.
Gracias a mi respiración
mi cuerpo no se acostumbra
a ser solo cuerpo.
Lo más parecido al alma
es un oxígeno como el que respiro,
con una personalidad perenne.

El barco varado

Homenaje a Antonio Machado

El barco atrapado en la arena
no puede atraer las mareas
para que le llegue el agua.

Líbrame de la cantidad

«Libérame del reino de la cantidad».
J. A. González Iglesias

Dios mío, me agobia
estar rodeado de tanta cantidad.
Me pesa verme encajado entre números.
La hora de despertarse.
El tiempo de llevar a mi hija al instituto.
El horario del trabajo.
El peso y el precio de la compra.
La preparación de la comida.
Los minutos que se van por el desagüe
en reuniones sin sentido,
llenas de vaciedad.
Contestar encuestas, correos,
rellenar documentos que alimentan
una burocracia insaciable.
Mirar las redes sociales
en las que cada cual se expone
a la opinión de cualquier francotirador.
Las labores de casa.
Falta algún ingrediente
para hacer la cena.
Los guarismos de los días y el dinero.
Las exigencias de estar informado
por tu condición de ciudadano.
Ojalá pudiera quitar tanta cantidad,
arrancar de raíz todos los números.
Me cansa que todo
se pueda medir y se enumere,

y quepa en un inventario.
Me saldría de la tiranía de la cantidad.
Me encantaría comprar una casa
en el terreno de lo inconmensurable.
No quiero que me mida
un reloj, un metro, una báscula,
un ordenador, una agenda, un móvil
o el aparato de un topógrafo.
Estar vivo es respirar
sin llevar cuenta de nada.
El gozo de latir no cabe en un recipiente.
La vida no se entiende
sin la anarquía del desbordamiento.

No muerdas la manzana

Eva ¿qué necesidad tenías
de morder la manzana?
Estábamos muy a gusto a la sombra
del árbol del bien y del mal.
Podíamos gozar de nuestros sentires y apetencias.
¿Qué nos faltaba para ser dioses
en este jardín paradisíaco?
¿Para qué queremos saber más
si lo que nos dice el corazón
nos hace los más sabios?

Homenaje a la relación causa y efecto

Nunca nacerá un roble
de la semilla de un cerezo.

Tu desnudo cada vez
es distinto

¡Te he visto desnuda tantas veces!
Conozco de memoria
tus nalgas y tus pezones,
tus labios mayores y menores.
¿Cómo es posible
que siempre que te desnudas
tu cuerpo presente alguna novedad,
me ofrezca una aldea
que no figura en mis mapas?
Descubrir algo nuevo en tu desnudez
me ayuda a creer
en la resurrección de la carne.

La relajación

Cuando llueve
el sauce llorón deja de llorar.

Pessoana

Si a Dios le cuesta conseguir su unidad
imagínate el sufrimiento del hombre
para recogerse en uno solo.

Como narciso que huye

Variación de un poema de Yeats

El viejo contempla su rostro
en el espejo
que ofrece el agua del río.
No queda ni una gota de su Narciso.
Ahora es Marciso
porque hace tiempo se lo llevó la corriente
río abajo hacia el mar.

Amor homérico

No es amor
si no consigues raptarla
y llevártela en tu barco
hasta tu ciudad
sin que te importe
provocar una guerra de Troya,
sin correr el riesgo de que se acabe
la última gota de tu civilización.

El brillo de la dignidad

En silencio
noto cómo respira mi dignidad.
Noto que soy especial,
el único de la especie de mi yo,
con un valor incalculable.
No he sido fabricado en serie.
No encajo en el zapato de cenicienta
de los números.
Aunque esté triste o desnortado
o me llegue el barro hasta el cuello
sé que no hay un hombre como el mío.
El vuelo de mi altura
se mantiene intacto en mi pecho
por mucho que me pierda,
por mucho que me convierta
en una fotocopia de Jack el Destripador.
Me toco el pecho
y siento cómo late mi copyright.

Paño de Verónica

En ese paño de Verónica
aparece mi sudor
con mi letra,
mi mirada deformada por la miopía,
la rabia de equivocarme
con las personas que más quiero,
las veces que he sido cruel
sin advertirlo.
El sudor que más me pesa
es llevar la cruz
de ser el que no quiero ser.

El peligro de la vacuidad

Nadeó en su nada
y se ahogó.

APRENDER ES DIVERTIDO

Me encanta ver esos niños pequeños
que van al colegio
de la mano de sus padres o sus abuelos.
No llevan libros,
no existen deberes,
no se ve la nariz
a la exigencia numérica de las notas,
no está el saber
troceado en los filetitos de las asignaturas.
Van al colegio a divertirse
porque es la forma de aprender.
Dichoso ese saber que llega
a lomos del arte de jugar.

Todo parece eterno si me despisto

Hay días que me despisto
y se me olvida la muerte.
Parece que todo ha existido
desde siempre,
sin principio ni final,
como la canción *Senza fine* de Gino Paoli.
Es una inercia
en la que todo tiene un barniz
que parece eterno,
que merecería saltarse la contingencia.
Hasta que me fijo,
me limpio las gafas
y Jorge Manrique me susurra
cómo se viene la muerte
tan cercana, tan callando.

INFUSIÓN DE TI

En una bolsita meto tu mirada,
el olor de tu cuello,
el color de tus uñas,
tu manera de calmarme
y quitar hierro a las preocupaciones,
la frescura montañosa de tus pechos,
tu dolor de cabeza,
el apoyo inconmensurable de tus manos.
Y hago una infusión
para que afiles el equilibrio de mis chakras.

Comerse las uñas

Comerse las uñas
es una manera figurada de hablar.
No creo que alguien
se las coma literalmente,
aunque nunca se sabe
a dónde puede llevar
la rareza y la ansiedad.
Mi madre me regañaba
por morderme las uñas y los padrastros.
Por eso tengo unos dedos
poco elegantes.
Esto no ha deformado
ni un gramo su tacto.
Pero van con el anillo
de haberse dejado comer el terreno
por la boca.

EL POEMA DICE MUY POCO

El poeta es el rey de la sugerencia.
En sus versos
solo habla de una pequeña hoja
de un árbol gigantesco.
Es consciente de que la realidad
no cabe en el cazamariposas
de las palabras
y por eso se dedica a insinuar,
a evocar una pieza de un puzle.
Sin duda todos los poemas
tienen las puertas abiertas.
El poema es solo
lo que asoma el iceberg,
que es mucho más grande
en la parte sumergida.
El poeta debe acostumbrarse
a que en cualquier poema
suena de fondo
la música de la incompletitud.
La vida es tres veces más
de lo que el poeta ha enseñado
a decir a las palabras.

OTRA RONDA

En el bar de repente alguien dice:
«De aquí no se va nadie,
que falto yo
por pagar otra ronda».
Las invitaciones se van acumulando
y es fácil coger un puntito.
El vino con la uva de la camaradería
siembra una alegría dicharachera
por donde pasa.
Ni siquiera las tapas o los pinchos
evitan que ese puntito engorde.
Después de comer
la siesta será larga.
La amistad es un puerto
en el que nunca asusta
la altura de las tormentas.

Otra vez las sirenas

Yo soy Ulises.
Las sirenas cantan dentro de mí.
Intentan hundir mi travesía
con sus miedos y limitaciones.
He alimentado el vuelo
de estas pajarracas
con mi fragilidad.
No consigo acallarlas
por más que tapo los oídos.

Homenaje al poema «Se querían» de Vicente Aleixandre y a *La casa encendida* de Luis Rosales

Se querían.
Quizá desde fuera
no lo parecía,
daba la impresión de que eran
la noche y el día.
Parecía que no bailaban
al son de la misma melodía,
que cada uno se alojaba
en una urbanización distinta.
De sus labios no salía
decirse cada dos por tres
que se querían.
No se besaban ni se abrazaban
de cara a la galería.
Parecía que su amor era mudo,
llevaba la garganta herida.
Pero, sabedlo, ellos se querían.
Su amor era intenso, fugitivo,
suave, profundo, con pasión tranquila.
Juntos eran capaces
de mover el sol y las demás estrellas
a cualquier hora del día.
Aunque no se reflejara por fuera,
se querían sin medida.
Su amor era una casa
con la luz siempre encendida.

Ser o estar

Una vez me preguntaron
si prefería ser o estar.
Y pienso que si quiero ser es a tu lado
y si quiero estar es también junto a ti.
Mi respuesta es clara: quiero sestar en ti.

Peso muerto

Puede parecer
que voy sin peso,
ligero,
con el peligro
de ser arrastrado por el viento.
Pero llevo en mi mochila
algún yo que no me gusta.
Cuando me acuesto por la noche
me duelen los hombros
por este peso muerto
que no sé cómo soltar.

¿Dónde está el dinero?

No sé si os pasa también a vosotros
pero apenas veo el dinero.
Veo cifras, transferencias,
movimientos con bizum o con tarjeta.
Parece que ya no es
tan contante y sonante como antes.
No veo que en la economía
los billetes asomen su carita.
Supongo que vendrán
primero los guarismos
y después el dinero viajará
en sacas por las noches.
¿Quién lo llevará desde el pagador
hasta mi cuenta corriente?
¿Y si solo son números
y no tienen apoyatura real en dinero?
La rápida circulación
ha vencido a la prestancia física del dinero,
que solo se mantiene
en compras de poco valor, el pobrecillo.
El dinero ha acabado devorado
por las polillas de los números.

LA VOZ A TI INDEBIDA

A veces me siento un mal poeta.
No lo digo por la calidad de mis poemas
sino porque animo
a leer mis poesías
diciendo que se entienden,
desarrollan un argumento
y se parecen a los microrrelatos.
¡Qué mal poeta
el que anima a leer sus poemas
contando su afinidad con la prosa!
Merezco que la poesía
me castigue con el fracaso por incoherente
y no tratarla con respeto.

Machihembrado

Me parece una pareja atípica
por su fisonomía.
Él es bajito y delgado
y ella es muy alta
y entrada en kilos.
No pegan
pero el amor contiene
la nuez moscada del misterio.
Cuando se entreguen cuerpo a cuerpo
pienso que él
necesariamente pecará de gula,
no sabrá cómo dar abasto,
y a ella
él se le quedará en una muela,
como un plato minimalista
de un restaurante vanguardista.
¡Qué cuerpos tan distintos!
Me cuesta imaginarlos empiernados.
Si ella se sube encima de él
lo aplastaría como un mosquito.
Pero ya se las ingeniarán
para que circule la amorosa electricidad
del machihembrado.

LA PUREZA DE LO VERTICAL

El poste del teléfono mira con envidia
la rectitud viva y natural del árbol.

CUCHARA EN TI

Contigo no uso el tenedor.
Prefiero la cuchara
para tomar tu mirada,
probar la altura de tus pechos,
la planicie sosegada de tu vientre,
la hondonada estival de tu monte de Venus.
Con la cuchara me llevo
una gran cantidad de ti a la boca,
sobre todo cuando te ofreces
en caldo o en puré.
Y me encucharo
cuando te abrazo y me encajo a ti
por detrás, en la cama,
y me siento como en un búnker,
en un refugio en el que nada malo
puede sucederme.
Nunca me he sentido tan a salvo
como cuando estoy encucharado a ti.

Se muere tan rápido...

Vivir es una construcción lenta
a largo plazo.
En cambio qué rápida
es la muerte.
Enseguida se viene abajo
esa arquitectura
que has levantado con delicadeza.
Es injusto que la vida
se pierda de repente
y no dé tiempo
a arreglar papeles,
hacer el equipaje y despedirse.
¡Parece mentira lo difícil que es vivir
y qué fácil es morirse!

DOS DIOGENADAS

I

Si lo llamo calvo
no lo insulto,
en el fondo elogio sus cabellos
porque huyeron de una mala cabeza.

II

Diógenes miraba unos huesos
y le preguntó Alejandro Magno
qué hacía y contestó:
«Estoy buscando los huesos de tu padre,
pero no puedo distinguirlos
de los de un esclavo».

Reflexión sobre la nariz

Tener una nariz
que sepa si un olor
es redondo o cuadrado,
duro o blando,
alto o bajo,
marrón o amarillo.
Capaz de definir el peso
y la composición.
Lo importante es que adereza todo
lo que entra en mis fosas
con el perejil exacto de mi temperatura.
Por eso todo lo que en mí entra
ya huele a mí.

Relación entre el miedo
y Gulliver

En Esparta se afirmaba
que no es de cobardes tener miedo
sino tener miedo de tenerlo.
A veces me he sentido
con la estatura de Gulliver
cuando estuvo en el país de Liliput
y otras como si fuese un liliputiense
en el país de los gigantes.
A veces enorme y otras como una pulga.
Entonces me metía en la cama
y me arropaba hasta las cejas
a esperar a que después del sueño
la realidad no tuviera fiebre,
recuperara su medida
y yo estuviese a su altura.

Sonrisa de Duchenne

Una sonrisa que no sea a medio gas
ni impostada,
que sea verdadera,
en la que intervengan
los músculos que rodean la boca,
también los que están
alrededor de los ojos.
Una sonrisa que arranque y te libere
y vaya más allá de las comisuras
de los labios,
que te empape la cara
y lleguen sus ondas
a todo el cuerpo y al alma.

Late el chocolate

Cuando el chocolate
es lo más puro posible
su consumo tiene
muchas propiedades positivas.
Prepara la mente
para el conocimiento.
Mejora el humor
y favorece la sociabilidad,
de ahí que ayude a la fluidez
en las reuniones.
Contribuye a mejorar el bienestar,
el tuyo y el de los que te rodean.
Una sola onza
hace que en el interior
se hable el idioma del mediodía.
Ella es mi chocolate.

QUE CORRA EL AIRE

No te acerques mucho
al interlocutor cuando hablas.
Cada uno necesita su espacio,
su zona de seguridad
que puede ser, por ejemplo,
de setenta y cuatro centímetros.
Son las amígdalas cerebrales
las que te advierten
de que estás siendo invadido.
Si se acerca demasiado
te sientes incómodo,
notas la calentura de su aliento,
incluso su saliva
puede salpicarte al hablar.
Si está demasiado cerca
haz algo para alejarte un poco,
como jugar con las llaves y el móvil,
y recuperar la distancia
para que corra el aire
entre tu yo
y ese tú tan invasor.

Ella me reconstruye del todo

Si por alguna razón
me despiezo o desmorono
decídselo a ella,
que me conoce al dedillo
por dentro y por fuera.
No necesita libro de instrucciones.
Sabe cómo se engarzan mis dedos
y mis sueños.
Ella es capaz de reconstruirme
célula a célula,
como si fuera un armario
formado por millones de piezas.
Y no solo hablo de mi cuerpo,
también conoce los tornillos que unen
los vientecillos que componen mi alma.

TENGO MUCHA NATURALEZA EN MÍ

Tengo en mí mucha naturaleza.
El fuego se aviva
con la pasión.
La tierra en el apego
a las personas que amo.
El agua cuando lluevo
una vez que mis nubes
se arañan con las antenas de los edificios.
El aire sube a mis ojos
cuando es calentado
por la monotonía del suelo.
La savia germina
en mis vesículas seminales.
No resulta fácil
domesticar o tener a raya
tanta naturaleza que soy.

MI ÁNGEL DE LA GUARDA

Me cuida un ángel
que no tiene prisa.
Permite que lo haga todo
a mi manera,
aunque salga mal.
No le importa que me salve
de la hecatombe por un pelo.
Se entromete poco en mi vida.
Solo me coge de los hombros
cuando me voy a estrellar
o me llega un golpe fuerte.
Me pone nervioso
tener un ángel de la guarda con pachorra.
Me gustaría oír a menudo su aleteo
para que me sintiera más seguro,
que no lo dejara todo
para el último momento.
Temo que algún día no llegue a tiempo.

COPLILLA

No veía tu cariño
porque estaba rebozado.
Solo lo pude apreciar
al dar el primer bocado.

Aprender a dormir

Con el tiempo
he aprendido a dormir.
Bajo todas las persianas
de mi cuerpo
y dejo en pie un hilillo de pensamiento.
Ato corto mis nervios.
Sé que es cuestión de paciencia,
tarde o temprano
acabaré vencido por el sueño
y conviene esperar.
Siempre pongo en el anzuelo
la lombriz que más le gusta
al pez que abre todas las puertas,
también las del dormir: el pez-tillo.

No compensa la maldad

Sirve de poco la maldad.
Si te inclinas por el mal
te haces daño a ti mismo.
Quizá un esguince
en tu conciencia,
se te tapona un oído,
ensucias con grasa de taller mecánico
la camisa de tu alma.
También rompes la armonía
del planeta.
Se rompe la tibia un verano
o una amapola se hace pasar
por un trozo de sandía.
De verdad que no compensa
ser malo.
Es mejor que se aprovechen de ti,
no hacer caso
a la letanía de Caín.
Hazlo por ti,
para conservar el brillo
de tu pulso.
Y también por el mundo,
para que mantenga
la raya de su peinado.

EL HOMBRE QUE SE SACA UN MOCO

Homenaje a la canción Cuando nadie me ve
de Alejandro Sanz

El semáforo se ha puesto en rojo
y detengo mi coche junto al suyo.
El conductor se hurga la nariz.
No parece que sea un picor
sino que está en busca y captura de un moco.
Supongo que lo ve Dios,
pero quizá es ateo.
Puede que lo vea su conciencia,
pero quizá en ese momento no funcione.
Me quedo mirándolo
y él también me mira,
pero sigue con su extracción petrolera.
Tal vez se siente invisible,
como si su coche fuera
la capa de invisibilidad de Harry Potter.
Ha descendido con una lira desafinada
al Hades de la vulgaridad.

CASTILLOS EN EL AIRE

Cuando construyes castillos en el aire
sus ruinas tardan mucho en desaparecer.

Homenaje a Hipaso de Metaponte

Bendito sea lo inconmensurable.
Lo que va campo a través,
lo que se sale de las carreteras
de los números exactos.
¿Existe un metro
para medir la belleza,
la pasión o la esperanza?
Todo empezó con la diagonal
de un triángulo rectángulo.
Lo pitagóricos ahogaron al pobre
Hipaso de Metaponte
porque no podían oír la respiración
de los números irracionales,
que lo dejan todo a campo abierto.
Me encanta que al número pi
nunca se le acaben los decimales.

Relevancia del muro

¡Todo lo que ha tenido
que soportar este muro!
Durante siglos
ha aguantado la techumbre,
los embates de la fe y las dudas,
las inclemencias del tiempo.
Ahora ya se ha resquebrajado
por el peso.
Su arreglo cuesta mucho dinero
y creo que el destino
que lo espera es el derrumbe.
Yo me ofrecería de contrafuerte
para ayudarle a permanecer erguido.
El amor me ha enseñado
a que mi espalda sirva de muro.

Sobre la ley de Murphy

La ley de Murphy te advierte
de que a veces las cosas salen mal.
El ingeniero se equivoca
al montar la pieza.
Al evitar la caída de algo
causas más estropicio.
Tocas dos letras del ordenador
al mismo tiempo
y no sale la que quieres.
Cambias de fila
a la que consideras
que avanza más rápido
y se ralentiza.
Y, por supuesto, si se te cae la tostada
siempre lo hace por el lado
de la mantequilla.
Es una invitación
a pensar que no todo
está bajo control.
El círculo de la vida no encaja
en nuestra pequeña cuadratura.

Cuando una lágrima pesa una tonelada

En esa lágrima tan pequeña
cabe un iceberg
derretido por la tristeza.

LA NOCHE OSCURA DEL CUERPO

El cuerpo también
pasa su noche oscura.
Los sentidos se llenan
de legañas y cerumen.
Las manos han sido invadidas por las uñas.
Los jugos gástricos
no funcionan bien
y les cuesta empapillar los alimentos.
Al pecho se le desencuaderna la esperanza.
El corazón pierde el ritmo
cuando da las palmas.
Entonces el alma coge
el cuerpo a las costillas
y se lo lleva a un lugar tranquilo
a hacerle el boca a boca,
a insuflarle un aliento nutritivo.

Contra Lenin

Lenin dijo que una sinfonía de Beethoven
debería ser prohibida
porque al oírla daban ganas
de abrazar al vecino,
incluso si es burgués.
Eso es lo que yo quisiera
que provocaran mis poemas:
un deseo irrefrenable
de abrazar al que está al lado
con una lluvia de ternura.

SOY CAPAZ DE VENCER
GRACIAS A TU OLOR

En el bolsillo de la camisa
llevo tu olor,
que es un resumen
del olor de tu piel,
de tus jugos interiores, tu sudor
y tu aliento.
Nada puede borrar
ese perfume
que me acerca a la felicidad.
Oliéndote soy fuerte.
Agarrado a tu olor puedo vencer
la humareda arisca y laberíntica
de la ciudad.

No tengo nada de Job

Conozco bien mi impaciencia.
Enseguida mueve el pie
o quiere intervenir en una conversación.
A veces me impide concentrarme
o saber lo que me dicen.
Oigo cómo tamborilea
sobre una mesa.
A estas alturas de mi vida
mis nervios van por libre:
lo mismo hacen yoga
que se ponen a bailar
paquito chocolatero.
No tengo nada que ver con Job.
Mi adverbio es ya o ahora.
Me cuesta el todavía no.
Soy mal paciente
con el médico de mi impaciencia.

FILOSOFÍA DEL AGUA

Lo noto
cuando me ducho
o cuando bebo.
Soy del equipo del agua.
En mi cuerpo
hay mucha agua
y quiero ser como ella:
abierto, transparente, corriente,
refrescante, acogedora,
sin miedo a ser sólido o gaseoso,
asumiendo el curso que toca,
sin criticar lo que flota y se refleja.
El agua solo sabe hacer el bien.
Es campeona en santidad.

¡Santiago Sastre escribe otra vez sobre el tema de esperar a los bárbaros!

Sabía que mi imperio romano
había llegado a su fin
y esperaba que en mi territorio
entrasen tus bárbaros.
Que vinieran con tu forma de ser,
tu idioma y tus costumbres
y que al enamorarme de ti
cambiaras mi vida
de arriba abajo por completo.
Esperaba tus bárbaros
como agua de mayo.
Con el tiempo supe
que solo tú podías salvarme
de mi terrible desorganización.
Sin orden ni concierto
caminaba a la deriva
de mi propio salvajismo.
Por entonces no sabía que el bárbaro era yo.

El poeta se queja inútilmente

El poeta se queja
de que no están sus libros en las librerías.
Desearía que lucieran palmito
en algún escaparate.
Pero el mundo editorial
apunta al estómago del mercado
y da prevalencia a los libros que se venden.
¿Es que tu último poemario va a competir
con el libro que acaban de publicar
Julia Navarro y Pérez Reverte?
¿Piensas que tu poemario puede figurar
en los grandes hipermercados
codeándose con Stephen King y Ken Follet?
Tu confórmate con escribir el libro
y lanzarlo al mar.
No depende de ti
lo que hagan las mareas.
Ya sabías que no ibas a hacerte rico
y que la poesía no cotiza en bolsa.
El éxito consiste en que ha subido tu soldadito
al barco de papel.
Ahora el agua hace su trabajo.

CADA SUDOR

¡Qué distinta personalidad
tiene el sudor del trabajador
y el del que sufre
un ataque de ansiedad
y el del que hace futin
y el del que huye de algún peligro
y el del que se expone al sol
y el del que está en paro,
y el del que hace el amor
y el del que corre
para no perder el autobús!
Cada sudor tiene su sal,
su manera de mojar la piel
y aclimatar la temperatura.
No hay nada más honesto
a ti mismo que tu sudor.

Lección a la hora de morir

Me dijo que no le daba miedo morir,
que muchos familiares y amigos
habían muerto antes que él
y lo aguardaban al otro lado
con los brazos abiertos.
¿Para qué voy a tener miedo?
Ahora es mi turno
y no puedo ser cagueta,
asumo que cambiaré
de sólido a gaseoso.
Debo dar el paso con valentía.
Los que me han precedido
me han dado ejemplo,
y esperan que ahora lo haga yo
sin temor, por ellos y por mí,
sabiendo que me toca
vivir de otra manera.
Tengo que saber morir por mí y por ellos.
Lo esperan de mí en mi último momento.

EL MILAGRO DE SAN ANTONIO Y LOS PECES

El pobre san Antonio de Padua
llegó a la ciudad italiana de Rimini
con intención de predicar.
Pero todos lo rechazaban,
se burlaban de él
y no encontraba a nadie
en las calles y las plazas.
Al final el franciscano se acercó
a la orilla del mar
y empezó a predicar.
Los peces se acercaron
y sacaban sus cabecitas del agua
como si así oyeran mejor su discurso.
¿Qué diría a los peces?
Supongo que tuvieran cuidado
con los peces grandes,
que suelen comerse a los chicos,
como sucede en el mundo de los hombres.
Al ver que los peces tenían interés
en lo que decía,
la gente se acercó a oírlo
y así fue como muchos se convirtieron.
No te importe hablar a la hierba,
al viento, a las moscas o al chopo.
Por eso eres poeta,
para dejar tu mensaje
aunque esté vacío el auditorio.

Tú estás hecho
para conversar con todo
lo que ocupa un lugar en la existencia.

Soy una América por descubrir

Como si fuera un tobogán
me gustaría bajar por mi cuerpo
a modo de bolo alimenticio.
Ir por el esófago
hasta mi estómago.
Ducharme con mis jugos gástricos
y entrar por los intestinos
y, al final, salir por mi ano.
Estoy formado por millones
y millones de células
y qué poco me conozco
por dentro y por fuera.
Me paso tiempo sin mirarme en el espejo.
Vivo acompañado del eco
de ser un mundo
todavía por descubrir.
Me he subido con Colón
a muchas carabelas
y aún no veo en el horizonte
la América que soy.
Me queda mucho para decir «tierra a la vista»
conmigo mismo.

REFLEXIÓN A PARTIR
DE UNAS BRAGAS

Esas bragas que están ahora tendidas
me han dado muchas satisfacciones.
Han sido campeonas
en lo que han mostrado y lo que no.
Han sugerido mucho
con su porte minimalista.
Consiguieron que mi sangre
se pusiera a hacer el pino
y diera palmas con las orejas.
Así a solas parecen
la bandera de un barco pirata
que pronto acogerá un botín en la bodega.
Sin ti me hablan de tu orografía.
Solo con tu cuerpo
alcanzan la nacionalidad de la cima.

PURGAR EL RADIADOR

Púrgame igual que los radiadores.
Con el aire no llega bien
la temperatura a mis rodillas y mis manos.
Quiero que mi calor
se iguale en mi cuerpo todo,
desde el dedo meñique de los pies
hasta el último pelo.
Que cuajen mis treinta y seis grados.
Mi alma necesita más calor humano
que mi cuerpo.

La resurrección

Creo en la resurrección por la primavera.
Por la música de Mozart
y Richard Hawley.
Por el sabor de la papaya y los arándanos.
Porque en mi cuerpo se mueren
muchas células todos los días
y sigo milagrosamente en pie.
Por tu cuerpo desnudo.
Por la pintura de Pérez Villata.
Por el cocido de garbanzos.
Por la poesía de Miguel D'Ors
y José Antonio González Iglesias.
Por la música de Manuel de Falla.
Por la recuperación de la salud
después de enfermar.
Yo mismo construyo poco a poco
mi resurrección: cada día me dejo
un trozo de corazón sin vivir
para cuando muera
tener uno de repuesto.

Contar con los dedos

He contado mucho con los dedos.
El profesor me regañaba
porque decía que los números
son seres sin cuerpo.
En cambio a mí me gustaba
que el dos se posara en mi victoria
y el cinco se pusiera mi mano.
Me daba pena que los números
no pudieran coger nada
igual que los verbos intransitivos.
Aunque fuera un número mayor de diez
yo dejaba que metieran sus dedos de Tomás
en las llagas de mi cuerpo.

QUÍMICA

El químico solo conseguirá
el perfume de la rosa
con una dolorosa astilla de la rosa
que crece en todas las rosas.

HAIKÚ DE LA RABIA
DEL DUEÑO DEL PERRO

Rabia es sacar
al perro y regresar
sin que haga caca.

DÍAS DE GOTA

No te quejes,
el médico ha dicho
que no tomes marisco
ni carnes rojas, ni cerveza.
Pero no te ha quitado
escuchar a los Beatles,
ni leer a Delibes,
ni ver las películas de John Ford.
Eso hubiera sido peor.
Aunque te duela
y apenas puedas moverte
no seas huevón,
que no es una tragedia.

EL ARDOR DE ESTÓMAGO
PUEDE LLEVARTE A SER
UN NOMBRE COMÚN

A ver quién me ayuda
a apagar este ardor de estómago
que me sube por el esófago.
Amenaza con abrasarme la lengua.
Tomo agua fría
a modo de extintor
para evitar que se propague.
Me tumbo en la cama
sobre tres almohadas
para elevar la cabeza.
Me da miedo que en esta pleamar
de mí mismo
el flujo de mis jugos gástricos
devore los rasgos de mi cara
y me arranque mi nombre propio,
me deje en un vulgar nombre común.

EL OTRO REY MIDAS

Conozco a un escritor que piensa
que todo lo que escribe
se convierte en alta literatura
igual que el rey Midas
trastoca todo en oro.
Incluso sus notas de diario,
que se limitan a contar
todo lo que hace de pe a pa.
No le importaría publicar
hasta la lista de la compra.
Alguien debería advertirle
de que no es oro todo lo que escribe,
que muchas cosas que narra
no alcanzan la suficiente velocidad
para alcanzar el vuelo de la belleza.
Se quedan en la pista de despegue.

La erección perdida

Es una pena que esta erección
tan pletórica
haya pasado con pene pero sin gloria.
El miembro estaba bien posicionado
en la escala de dureza de Mohs
porque toda la sangre estaba allí
haciendo piña,
como si hubiera sido convocada
por una organización sindical.
Al final no ha servido para nada,
solo para advertir
que la sangre sigue obedeciendo
a la llamada tarzanesca del deseo.
Al final he dado la orden
de rompan filas,
tocaba dispersarse.

Enraizar

Cómo se agarra la raíz
aunque apenas haya tierra
o aparezcan muchas piedras.
Cómo se abre camino
para ocupar su espacio.
Cómo se esfuerza
en coger las sales minerales una a una,
en absorber el agua
para guisar una savia bruta
que les guste a todas las hojas,
incluso a las que cuentan
con un paladar muy exigente.
Cualquier raíz tiene
el mismo corazón que una mano.

Homenaje al haikú

Con esa miga
la hormiga hace un fiestón
en su hormiguero.

VIRIATO

¡Qué valor el de Viriato
enfrentándose a los romanos!
De cuidar ovejas
pasó a liderar las guerrillas
frente al invasor extranjero.
Fue asesinado a traición
por tres hombres
sobornados por los romanos.
Pero se quedaron sin cobrar
porque ni Roma ni yo
somos capaces de pagar
a los que te atacan por la espalda.

Diógenes y el pelo

Los filósofos cínicos
solían llevar una barba
larga y descuidada.
Nada de domesticarla con recortes.
La rebeldía también se demuestra
a través del pelo,
al dejar que salga la animalidad.
Cuando paseaban por el ágora
parecían bárbaros, mendigos o locos.
Diógenes insistió
en no tener apego a la melena.
Los esclavos solían ir
con la cabeza rapada.
Por eso también recomendaba
rasurarse la cabeza
para demostrar que cada uno
es soberano y esclavo de sí mismo.
La igualdad se transparenta
dejándose el pelo como apetezca.

Mi nada

Cuando nadie me recuerde
me iré directamente
hacia la nada.
Pero no a una nada cualquiera
sino a una en la que solo estaré yo
ocupando mi no ser,
con la misma personalidad
que el cero, una hornacina o el conjunto vacío.
Una nada solo mía
donde mi no existir
tenga un lugar exacto
donde caerse entero con todo mi no.

Relación entre Aristóteles, la menstruación y un espejo nuevo

En su tratado sobre los sueños
Aristóteles sostenía
que cuando una mujer tiene la menstruación
y se mira en un espejo nuevo
aparece una mancha
que no se quita con facilidad.
Afirmaba que sus ojos
se inflamaban de sangre
y afectaban al aire y al espejo.
En los espejos viejos
la mancha solo penetra
de forma superficial
y es más fácil de quitar.
Es indudable que cuesta limpiar
esta teoría aristotélica
que ensucia la racionalidad.

Acaso una semilla

Pienso que soy una semilla
para que pueda crecer aquí
un mundo más justo.
Pero es tan poco lo que puedo hacer
que enseguida aspiro a ser
la astilla de un hierbajo.

La insatisfacción

Por mucho que se duche
el blanco nunca se sentirá
lo suficientemente blanco.

TRES EPISODIOS DEL ACEITE

I

Mira el aceite
tan desnudo,
con su virginidad extra,
con su figura y su cuerpo
totalmente intacto
dispuesto a barnizar la ensalada,
a ofrecerse
como una fruta de un Caribe altísimo.

II

Ahora me he despistado
y el aceite se ha calentado demasiado
y echa humo.
Saltará y morderá
la comida con su temperatura,
con esa fiebre
con la que quita a todo su crudeza.
Necesitará un bozal
para contener su rabia.

III

Ya el aceite,
después de ser usado varias veces,
ha perdido su consistencia,
sus pepitas doradas y ya va inválido,

contaminado por otros sabores,
está listo para desembocar
en ese pozo turbio del punto limpio,
donde morirá de refritura,
sin nombre,
ahogado en la residencia de ancianos
de la muchedumbre.

El corazón de la tierra

Con Juan Ramón Jiménez

Aprieto la tierra con el puño
y noto cómo palpita su firmeza
en mi mano.

El amanecer y el atardecer

El amanecer y el atardecer tienen
una luz parecida.
Pero si hablas del amanecer
debes incluir el vuelo
de las golondrinas y los vencejos.
Y si extiendes el atardecer
debes aportar el vuelo
de los murciélagos,
que baten sus alas
hacia abajo y hacia adelante,
no como las aves.
Cada luz cría sus propios animales.

Uno de los orígenes del ruido

No sé por qué lo feo
siempre hace ruido.

RELACIÓN ENTRE LA POESÍA
Y EL VERBO SUBIR

La poesía es una estancia
para aclimatarse
después de una inmersión interior
antes de salir a la superficie.
O es una escala
para reposar y cargar combustible
antes de llegar a la Luna.
La poesía siempre te lleva
hacia arriba.
La escalera de los versos
solo sirve para subir.

Homenaje al Menneken Pis de Bruselas

¿A cuento de qué
me aguanto las ganas de mear
durante esta comida en el restaurante?
Me da no sé qué
preguntar dónde está el baño,
interrumpir la conversación,
perderme algo importante.
Quizá no es para tanto
y puedo esperar.
Mientras lo pienso
mi pensamiento llena aún más la vejiga.
Voy o no voy
es mi duda hamletiana.
Cuando al final me decido
asumo que esta indecisión es negativa
porque los nervios
incrementan el peso de la orina
y ya no podía aguantar más.
Luego la meada, de chorro fino,
ha sido bastante larga.
Incluso se ha apagado
la luz del baño.

VIENTO SUBTERRÁNEO

Pienso en un viento sin patria,
incapaz de despeinar
o de mover una hoja,
tan triste que ha aprendido
el idioma de vivir bajo tierra,
para hablar
con los minerales, las lombrices y las tuberías.

El dominio de mi cuerpo

Cuando era joven
¡menudo dominio tenía de mi cuerpo!
Gobernaba al dedillo mis manos,
mis piernas se ponían al servicio
de mis mapas,
el sexo obedecía
ante el susurro de cualquier deseo.
El cuerpo me miraba
sabiendo que era su amo.
En cambio ahora
está más asalvajado
y a menudo escapa a mi control.
Llegan las arrugas, las canas,
los problemas de visión,
mi memoria no evoca con facilidad
mis citas favoritas,
mi pene ya no es ese menhir
que invitaba al culto.
Las manos no responden
al verbo agarrar o acariciar
con la osadía de antes.
En esta rebeldía noto
que mi cuerpo no es del todo mío,
como si hubiera empezado
a no pertenecerme.
Tengo miedo de que algún día se independice
y no tenga mano para dirigir su orquesta.

La carta de Kafka

Ahora que Kafka
ve las orejas a la muerte
le escribe una carta
a su amigo Max Brod
pidiéndole que lo queme todo:
los manuscritos, las cartas
y los dibujos.
No quiere dejar nada,
ni siquiera algún rastrojo de sus escritos.
Quiere que echen insecticida
para matar las cucarachas
que viven debajo de Gregorio Samsa.

PSICOSTASIA
La nueva oportunidad

Pongo mi corazón en la balanza
y en el otro platillo
la pluma de avestruz de Maat,
la diosa de la verdad.
Lo importante es que el corazón
no pese más que la pluma,
que se mantengan en un perfecto equilibrio.
Si no, saldrá el monstruo Ammit
a devorar mi corazón
condenándome a perder la inmortalidad.
Como no estoy seguro
de conseguir ese equilibrio,
y eso que soy libra,
cojo el corazón y me lo pongo
y salgo a la calle
con intención de hacer méritos
y limpiarme.
A ver si en el próximo juicio
voy con garantías para convencer a Osiris.

El trabajo perjudica seriamente la salud

Dedicamos demasiado tiempo a trabajar.
Suelen ser más de ocho horas.
Después del trabajo hay que emplearse
en ocupaciones, papeleo, compras,
encargos que pesan
y agobian lo mismo que el trabajo.
Tampoco dormimos ocho horas
porque nos rondan las moscas
de las preocupaciones,
que muchas veces guardan relación
con asuntos laborales y cabos sueltos.
No podemos dejar que el trabajo
nos embargue la vida
y nos deje solo unas migajas
para vivir a secas.
Cuidado con el trabajo
que enseguida se autoproclama
maquinista de tu tiempo.
¿Cuándo vas a empezar a bailar,
conversar, dormir, leer o escribir, vaguear
en toda su pureza,
sin que se asomen tareas pendientes
o resuene la voz del jefe de la empresa?
La vida solo se disfruta
si sabes improvisar unas vacaciones
que nada tienen que ver
con las del trabajo.
Solo en lo improductivo
se desvela el gozo de vivir.

A DESTIEMPO

Es un error llegar a destiempo.
Escuchar una pieza musical
cuando no se sabe apreciar,
leer un libro
cuando no se está preparado
para subir al tren de lo que cuenta,
adentrarse en la selva del amor
sin un repelente de mosquitos y un machete.
No es fácil saber esperar,
aguardar a que el cuerpo
esté formado,
con la fruta justa
y la tierra dispuesta.

LA MUERTE DE ARQUÍMEDES

Los romanos se apoderaron
de Siracusa en 212 a.C.
después de casi dos años de asedio.
El general romano Marco Claudio Marcelo
quiso conocer a Arquímedes,
responsable de la resistencia
gracias a sus inventos bélicos
apuntalados con la palanca.
Mandó a un soldado romano
para que lo detuviera.
Y el sabio despistado le contestó:
«Espera, no tengas prisa, estoy a punto
de resolver un problema».
El soldado se enfadó
y, contraviniendo las órdenes, lo mató.
Así quisiera yo morir,
diciendo: «Aguarda a ver si acabo
mi mejor poema».
Y que la muerte deshojara
los pétalos de unos versos inconclusos.

Un abrazo de verdad

Si es un abrazo sincero
me pego mucho a ti
para que mi pelvis se una con la tuya.
Mi cuello se acopla con tu cuello.
Los brazos están más
en contacto contigo
porque mi planeta
circula en la misma órbita
que tu planeta.
En un abrazo de verdad
se es afluente
para desembocar en el otro.

Axila y sobaco

Es injusto que la palabra axila
sea elegante,
esté bien peinada
y sea inodora
mientras que la palabra sobaco
huela mal,
deje su reborde en las camisas
y tenga mala prensa,
pues de ella procede
sobaquina, sobaquera y sobacuno.
Al sobaco le toca
bailar con la más fea.
No me extraña
que al meter el termómetro en el sobaco
venga con una fiebre añadida.

Situd

El filósofo Luis Castellano
ha formado la palabra situd
uniendo el comienzo de silencio
y el final de quietud.
Pero si en ese silencio uno medita
para estar dispuesto a cambiar,
a llegar a ser el que quiere ser
entonces no hay quietud,
porque el hombre es un peregrino
a tiempo completo.
Su vida es movimiento continuo.
Nadie tiene razones para estar quieto.
Solo lo inacabado está vivo.

El llanto de Psamético I
o La gota que colmó el vaso

Herodoto cuenta
que cuando Cambises
derrotó al faraón Psamético I
quiso humillarlo
obligándolo a presenciar el desfile de la victoria.
Allí vio a su hija convertida en una sirvienta,
llevando un cántaro de agua,
pero permaneció sin inmutarse.
Cuando vio a su hijo
con el cuerpo lastimado por los latigazos
también se quedó en silencio,
sin mover una pestaña.
Pero cuando entre los prisioneros
reconoció a un anciano,
que fue su antiguo criado,
ya no pudo más y rompió a llorar,
Esto no significa que el faraón
quisiera más al criado que a sus hijos,
sino que en ese momento
su nube no podía sujetar
tanto vapor triste.

Hablar bien

Intenta hablar con cariño y respeto.
Cuando hablas bien
tus manos son más bondadosas,
tu mirada tiene mejor luz,
tu nariz procura que huela
a bizcocho recién horneado,
tu piel acaricia con ternura
cualquier piel,
tu sangre es más transparente,
los oídos dejan de dar golpes
con el martillo en el yunque.
La lengua es nerviosa
y enseguida se dispara
y enseña su filo.
Si hablas con el corazón
haces que el mundo esté bien hecho,
se saluden los paralelos y los meridianos
cuando se cruzan.

Partidario de la coma

Yo soy más de una coma
que de un punto.
Lo digo porque prefiero
una parada breve,
un descanso minúsculo
para que la frase
recupere su andadura.
El punto es como
un semáforo en rojo
y cuesta esperar a que llegue
el color de proseguir.
Me gustan las comas.
En ellas me paro
solo para respirar pocos segundos
y continuar, no sea que
se enfríe el sujeto de la acción
o el verbo se despiste
y no agarre con las dos manos
su complemento directo.
Quizá yo nací coma.
Y mi vida será una coma
en el voluminoso libro de la vida.

Matriosca

En un hijo hay un juguete.
Es un juguete anida una pila.
En la pila duerme la energía.
La energía es el barrio de la luz.
La luz guarda en su estómago un sí.
El sí vive en una madre que decide tener un hijo.

Ejemplo de pereza

Ninguno quiere ir
hasta la cocina
a por un dentífrico nuevo.
Y en el baño seguimos apretando el tubo
de la pasta de dientes
pensando que aún queda,
que aún saldrá
una porción mínima
pero suficiente
para asegurar el cepillado.
Los dos seguimos apretando
para que sea el otro el que lo reponga.
Las cerdas de los cepillos no han conseguido
limpiar esta pereza.

Macedonia

Tus senos son granadas o peras.
Tu culo, un melocotón
o un níspero.
La vulva es la papaya.
Los testículos son higos.
Está claro que el pene
es un plátano (a ser posible de Canarias,
que es más dulce).
Es obvio que el postre del amor
es la macedonia.

Palabrejas

Escarabajo y escararriba.
Envergadura y envergablanda.
Meteoro y metecobre (Huidobro).
Trofeo y troguapo.
Pretendiente y pretenmuela (Quevedo).
Pensamiento y pensacierto.
Bohemia y bohetuya.
Sobrevolar y sobreandar.
Mariposa y marilevanta.
Lacayo y Lahablo.
Telaraña y telacaricia.
Guantes y Gudespués.
Poeta y Poaquella.
Francotirador y francorrecogedor.
Apartamento y Apartamiento.

Color de esperanza

Yo te espero.
Con vino y con jamón.
Y aunque sea lo último,
no perderé la esperanza.
Ya llegará tu Godot.
Soy espereño y esperanceño.
Igual que Penélope,
sé que regresarás
de la guerra de Troya que te toca.
Espero y no desespero.
Espero en el hospital,
en el aeropuerto, en la fila,
en Hacienda, en la pescadería,
para sacar la entrada.
Sabiendo que vendrás
es dulce la espera
como la de una embarazada.
La esperanza es verde,
con luz de amanecer y atardecer,
tiende la ropa del corazón en el horizonte.
Mi esperanza lleva tu nombre.

El último taxi
SIEMPRE SALE GRATIS

Pasa a mi lado el coche de la funeraria
y sé que es un taxi
al que no llamaré nunca
pero que me llevará quiera o no quiera
al otro lado de la laguna Estigia.
Y en ese último viaje
me cobrará una tarifa desorbitada
que no pagaré en la vida.

IV
UN TESTIGO DE JEHOVÁ
PREDICANDO A DRÁCULA
O ME GUSTA CUANDO HABLAS
PORQUE ESTÁS MUY PRESENTE

LAS LECCIONES DEL ESTOICO

No hagas comparaciones entre personas
porque no tienes una vara de medir.
No tiene sentido
que pretendas impresionar a los demás
porque no estás en su cabeza.
Si tienes que decir no
deja de marear la perdiz,
proclámalo sin circunloquios.
Carece de sentido culparte
por errores que cometiste en el pasado,
pues esas aguas no saben mover molinos.
No puedes responsabilizarte
de lo que decidan o hagan los demás.
Deja de preocuparte
de lo piensen de ti
porque está lejos de tu alcance.
¿Cuándo vas a empezar
a quedarte en ti del todo,
a dejar de entrar
en cuerpos que no te pertenecen?

PALOMA EN TU PUBIS

Apoyo mi mano en tu pubis
y tiembla como un pichón.
Junto a tu vello púbico
encuentra un nido
donde reposar y alimentar su valentía
para salir después
con un vuelo nervioso y jovial
de paloma que lleva
mucha paz en su pico.
Después vuela como nunca.

ITADAKIMASU

Antes de cocinar pienso
quién habrá hecho la sartén,
el plato, el tenedor y la paleta.
Quién cuidó el olivo
del que salieron estas aceitunas
para el aceite.
Quién cuidó las gallinas
que pusieron estos huevos.
Quién se ocupó de que la sal
llegara hasta mi casa.
La tortilla francesa que hago ahora mismo
solo puede saber
a agradecimiento virgen extra.

LA PÉRDIDA DE VALOR
DE LA COCINA

¡Qué poco se vive en la cocina!
Está bien equipada
con sus muebles y electrodomésticos.
Pero apenas se cocina en ella.
Se hace algo rápido
o calentado en el microondas.
Ya no se come en ellas,
se prefiere el salón
por su amplitud y por la tele.
Ahora la cocina ha quedado
para hacer unos espaguetis
o una ensalada en poco tiempo.
Ya no es un sitio donde estar,
donde compartir confidencias
y disfrutar del fuego lento de la cháchara.
Definitivamente la cocina
ha perdido gas y se ha enfriado.

A QUÉ SUENA LA MISERICORDIA

Si me preguntan
a qué suena la misericordia
diría que a ojo tapado,
a despiste,
a clarinete afónico.
La vida es imposible
sin el oxígeno
de perdonar y perdonarse.
La verdad no lo es todo,
porque puede ser injusta
y también inoportuna.
Es preferible hacer
la vista gorda
y asumir que el amor
es el único capaz de reconstruir la historia
con una verdad cariñosamente tierna.
Se avanza si no se tocan las heridas
y se echa el perejil del olvido.

Y TODOS PENSABAN
QUE ESA GRIETA ERA ARTE

Todo mi edificio
se desmoronaba.
Muchos vieron
en esa grieta
un tatuaje
o una obra de arte
cargada de la modernidad
de la belleza.
¡Qué ciegos!
El que soy
ya no volvería a ser el mismo
ante la marca imborrable
de mi resquebrajamiento.

EL TRIUNFO DE LA OTREDAD
O *JE SUIS UN AUTRE*

El hombre está diseñado
para vivir en compañía,
por eso necesita a los otros.
Está muy poco tiempo
en su yo de ahora
porque aspira a cambiar,
a mejorar,
a ser otro.
Su vida es un constante viaje
a la otredad.
El hombre es carne de éxodo.

La prueba definitiva

Enseguida supieron
quién era el agresor,
porque tiró la mano
y escondió la piedra.

EL MURO DE LA CERCA

Homenaje a un poema de Robert Frost

Ese muro va contra la naturaleza.
No es capaz de separar el aire
ni el vuelo de los pájaros.
Mira cómo por debajo
no interrumpe ni los pliegues ni las fallas.
Un cercado solo vale
para no ver al vecino
y para afirmar ante notario
que un lugar es tuyo.
Pero no sirve para dividir
porque ninguno puede ser
lo suficientemente alto y profundo
como para crear un mundo propio,
ajeno a lo que está afuera.
En algún momento
las tierras continúan abrazándose.

Amor de Ilíada

Leo todos los días
un poco de la Ilíada
porque me recuerda
que tengo que conquistar
siempre alguna Troya,
que la vida tiene
el grupo sanguíneo de la lucha.
Después desaparecerá Troya,
se acabará la civilización
que daba sentido a mi soldado
y habrá que empezar,
y descubrir
dónde han encerrado a la nueva Helena
para ir de nuevo a enamorarme
y a raptarla.

El regreso

La verdadera obra maestra
es devolver la escultura
a la roca bruta y genesíaca
del principio.

EL POEMA MILAGROSAMENTE SUPERVIVIENTE

Tu poema adolece de excesos.
Hay un abuso del prosaísmo.
El ánimo de ser original
lastra el lirismo.
Los elementos autobiográficos
no logran levantar el vuelo
para emocionar al lector.
No hay sentido de celebración
ni fuerza de himno.
La música y el ritmo
brillan por su ausencia.
Las palabras que empleas
están muy manidas,
a veces son provocadoras y rimbombantes.
Ni siquiera están bien
los signos de puntuación.
Lo mejor que puedes hacer
es romper este poema.

Autopoiesis

Llega esa mano de Onán
que te convierte en el rey Palomo,
que busca el placer
desde y en ti
y tú te satisfaces.
La mano se convierte
en una novia improvisada
que siempre te ha dicho sí,
a la que nunca le ha dolido la cabeza.
Se conjuga la crecida
con la música del subibaja
y las terminaciones nerviosas
se agolpan, se apelotonan
en el vagón del glande.
Y al final se derrama la semilla,
que cae en la soledad infecunda y egótica
de tu tierra.

Poepansía

Se suele decir
que la poesía es como el pan.
Sale del horno del adentro.
Necesita la levadura
para que ayude a ver
lo que no se advierte a simple vista.
Cruje y tiene miga.
Ayuda a engrandecer
el sabor de los alimentos.
Sabe mejor cuando se comparte.
La poesía es pan para mojar
en la salsa del vivir.

Mi telaraña

Igual que las arañas,
también trato de construir mi telaraña.
Es líquida pero se convierte
en sólida al entrar en contacto con el aire.
La puedo hacer fina o más gruesa
y emplear una tela de diferentes texturas.
Tengo en cuenta la dirección del viento,
no sea que la haga en vano.
Las líneas que van
hacia el exterior se llaman radiales o radios
y las que van alrededor, orbe.
La araña teje confiando en el tacto
ya que tiene problemas con la vista.
Si se equivoca, no la deshace
sino que se la come
para empezar de nuevo.
Yo también hago mi telaraña
no tanto para atrapar mosquitos
sino para sujetar mi mundo
y mis elefantes
(los famosos que se balanceaban),
para mantener las circunstancias
sobre las que orbita
este planeta arañoso que soy.
Mi vida pende del hilo de mi telaraña.

EL LUGAR AL QUE TE PUEDE LLEVAR UN CARAMELO

Estoy viendo
la cabalgata de los Reyes Magos.
De repente un caramelo
llega hasta mis pies.
No hay ningún niño cerca
y me agacho a cogerlo.
Me lo meto en la boca.
y no atino a descubrir
cuál es su sabor.
Pero a mí ya me sabe
al niño que fui en mi infancia
y que acabo de desenvolver
con este caramelo.

La esperanza es
lo último que se pierde

A la papelera le gustaría
convertirse en un paragüero.

EL BANCO NO SIRVE DE BANCO

En los Bancos es imposible
sentarse tranquilo.
Debes hacer cola,
rellenar formularios
para alimentar la burocracia,
quizá te falte algún papel,
a lo mejor te mandan al cajero
a que lo hagas tú mismo
porque ya no atienden en la caja
y es superfácil,
te recuerdan que puedes invertir
en un ventajoso plan de pensiones,
quien te atiende de repente
empieza a hablar
en un idioma alejado de tu castellano.
Te sientes con demasiado debe
a las costillas.
Sales con ganas de una tila.
Cualquier Banco es una sucursal
de pesadumbre.

Relación entre un hotel y la caverna de Platón

En este hotel
resucita el mundo de la caverna.
Aquí te lo dan todo hecho
proyectando en la pared
las sombras que te gustan.
No tener que hacer la cama,
comer en el bufé
lo que te apetezca,
desterrar del bolsillo las preocupaciones,
caminar sin más horario
que ver el goteo de los minutos a tu servicio.
El hotel es una película
en la que colaboras como guionista
y pones una cama supletoria
para que duerman tus sueños.
Solo cuando a ti te place
colocas en el pomo de la puerta
«No molestar» o «Por favor,
arregle la habitación».
Sabes que pronto
tendrás que salir de la caverna
y que el sol luce fuera,
donde te espera la vida en toda su verdad.

El cuerpo es un zoológico

Quizá haya un grano de verdad
en la idea de que el cuerpo humano
es un zoológico.
Intento que los ojos
no se escapen de sus órbitas.
Trato de que las manos
cojan siempre
lo que a mí me gusta.
He convencido a la lengua
para que eche la especia de mi nombre
en lo que como.
Llevo mis piernas
con una correa corta
para que no se salgan de mi mapa.
¿No trato de domesticar
todas las partes de mi cuerpo
como si estuvieran en un zoo?
Algún día abriré la jaula
para que disfruten de la libertad.
Pero tampoco pueden ir a su aire.
Saben que soy más
que la suma de mis partes.

Todos para uno

Me fijo en que en la naturaleza
no hay un animal
o una planta
que vivan como autónomos,
que vean la vida como un negocio
con el fin de enriquecerse.
Al contrario. Pienso
que todos intentan colaborar.
La libélula ayuda al pino;
la rana, a la ortiga;
la jara, a la cabra montesa;
la lagartija, a la encina.
En la naturaleza puede vivir
el embrión del comunismo
aunque despojado de ideología, sin Marx
y sin su alegato contra la propiedad privada,
sin ningún tipo de imposición
ni con la visión de la religión como opio.
La naturaleza sigue la estela
del mosquetero D'Artagnan:
todos para uno y uno para todos.
Es una sabia maestra para el ser humano.

La importancia del Sr. Wilson en la película Náufrago

Chuck Noland, el empleado de la empresa
de paquetería FedEx
que acaba en una isla desierta
después de un accidente de aviación,
arroja un balón de voleibol con ira.
En él se ha quedado una mancha de sangre
de una herida de su mano.
Y es cuando descubre que ese balón, de marca Wilson,
puede ser su compañero,
alguien con quién hablar,
sentir la redonda calidez de la compañía.
La presencia siempre conlleva
el discurso de la sangre.
Cuando Chuck Moland huye de la isla
y se cae su amigo Wilson de la balsa
y él intenta rescatarlo
pero no puede, no le alcanzan las fuerzas,
siente el dolor de perder a un gran amigo.
Nunca un balón había dado tanto juego
para seguir en el partido de la vida.
Cuando asume la imposibilidad de rescatarlo,
ya no le importa perderlo todo,
entregarse mansamente hacia la muerte.
Hasta que es rescatado por un barco
y regresa como un resucitado a la civilización,
ya que le habían dado por muerto.
El bote de Wilson siempre lo acompañará
en la memoria.

Función de la poesía

Coge el poema.
A ver si pesa.
Muévelo a ver si suena.
¿Qué será?
Al quitar el envoltorio
verás que te ofrece lo que ya tienes
a modo de sorpresa,
como regalo.
A ver si alguna vez te das cuenta
de lo asombroso que es estar vivo
y coleando.

LA PACIENCIA

La madre de la paciencia es el equilibrio.
Se trata de alcanzar
esa mesura para saber
que todo tiene su tiempo,
como se afirma en el Eclesiastés.
No le puedes pedir a un niño
que crezca más rápido,
ni a un pino que abra sus piñas piñoneras
cuando te apetezca,
ni al agua que hierva antes.
Me cuesta mucho
dejarme llevar por la paciencia.
Job y yo no vivimos en el mismo barrio.
Y eso que soy libra
y tengo la balanza escrita en mi cielo
desde mi nacimiento.
¿Cuánto tendré que esperar
a que me llegue paciencia?

Las palabras dicen
más o menos

Lo normal es que las palabras digan más
o incluso menos
de lo que pretende expresar
el que las usa.
Es difícil que lleven solo
lo que se necesita
en los bolsillos,
se limiten a usar la lengua
con la saliva justa.
Por eso las palabras
no son como los números,
pecan de exceso o de defecto
y viven en el mismo pueblo
que el número pi,
que deja todas las carpetas abiertas
con sus decimales.
Las palabras tienen una molestia
en el estómago
porque a veces no terminan de decir
lo que deberían decir.
De mi boca sale un lenguaje
que a veces solo entiende mi lengua.

Domicilios

A Dios no le importa
vivir en un triángulo.
Y pienso que a Buda
tampoco en la concha de un caracol.

La verdad de verdad

A estas alturas de mi vida
no quiero una verdad fría
que me enseñe la realidad
con sus pelos y señales.
Esa la dejo
para el mundo de la fotografía
y las ciencias empíricas,
que hacen un traje a medida
de lo que está fuera.
Prefiero una verdad caliente,
humana, acogedora,
con olor a piel,
que no figura en las calculadoras.
Una verdad que me haga sentir,
que me lleve a los nidos
de los pájaros que me gustan
y con la que pueda arroparme
cuando llegue el frío.
Solo creo en una verdad
que mi corazón lea en braille.

Líjame

Pasa la lija
por mi pecho,
por mis brazos,
por mis ojos,
por mis testículos.
No dejes nada de mí
sin lijar,
que no quiero que nadie
se astille conmigo,
quiero que me pulas,
me erosiones,
que mi contorno
sea como un puerto en flor.
Alisa mis acantilados
para ser constantemente playa.
Solo tú sabes hacerme
suave y uniforme.
Solo tú sabes plancharme,
doblarme
para que quepa en mí todo entero
y restaurarme
frente a los arañazos del tiempo.

El pájaro acompañado

Homenaje a san Juan de la Cruz

Son cinco las condiciones del pájaro acompañado.
Le gusta volar a ras de suelo.
No le importa echar raíces en la tierra.
Se arropa con la temperatura de la amistad.
Su plumaje tiene color carne.
Y, por último, le encanta oír la voz humana.
Sin su bandada le falta el aire.
Solo canta si se apoya en la rama de la gente.
Por eso no va por calles solitarias,
sino que prefiere las plazas y los mercados,
los museos y las bibliotecas.
Sabe que si el Esposo se ha hecho hombre
es para vivir con el corazón de todos los hombres.
Yo estoy hecho para la compañía.

Homenaje a Calímaco

Calímaco escribe que detesta lo común.
Por eso afirma que no va por la vereda,
ni bebe en fuentes públicas,
ni está con amantes
que han pasado por muchas manos.
Él quiere ser el rey de la novedad,
abrir el precinto
o quitar le envoltorio
para disfrutar de encontrarse
con la primera vez.
Es difícil de lograr
porque nadie lleva cuenta
de cómo llegan las experiencias,
no se anotan en un registro.
Es mejor salir de las normas
y caminar campo a través.
Y acercarse a la vida
a lomos de tu vez,
que para ti siempre será
la primera vez.
Es como si los sentidos vistieran
todo con la ropa que llevaba
recién salido del *big bang*.
Eres tú el que inauguras el mundo
cuando lo recreas con el traje de novia
de tu sensibilidad.

Y NO TE DAS CUENTA
DEL SILENCIO

Escucha el silencio.
Es triste que camine
junto a ti
y no oigas sus pasos.
Si te fijas
seguro que lleva tus zapatillas
de andar por casa.

Parábola de la esponja

Con fuerza aprieto la esponja.
Pero a ver cómo hago
para que absorba después
toda el agua que ha soltado.
Quiero que ese pequeño mar
vuelva a su cauce.

Mnemoarqueología

Entrar en la memoria
se parece a la arqueología.
Es indagar a qué etapa
de tu vida
pertenecen estos sillares,
estos huesos o estas monedas.
Es acercarse a ese yo
que vivió en la pequeña península
de tu tierra.
Quizá quisiste que no quedara nada
y lo arrancaste todo
para construir encima
otra civilización.
Mirar atrás
siempre es mirar hacia lo hondo,
para ver los restos
de todos esos que fuiste
y que se perdieron por el camino
para llegar al sapiens en el que estás ahora.
Siempre es distinto el hombre que sale de ti
y el que llega.

Malgré Newton

Que Newton me perdone.
La única ley de la gravedad
que me interesa
es la que me empuja hacia ti.
Es una corriente
en la que mi yo se enriachuela
y busca desembocar en ti.
Aunque esté muy cerca
o a miles de kilómetros
mi yo
se siente atraído por ti.
Tú eres el suelo más firme,
la madre de todos los suelos.
En la vida todo me lleva hacia ti.

A PARTIR DE UN TORNILLO

Fíjate que si aprietas tanto
el tornillo al final no agarra
ni sostiene,
no es capaz de desplegar
sus manos de alpinista.
No se trata de dar golpes
con el martillo.
Todo necesita una fuerza
con tu nombre y apellidos
para sujetar el espejo de tu vida.

Penélope sin Ulises

Versión de un poema de Antonio Rivero Taravillo

Cuando yo muera
y ya no pueda regresar a Ítaca
no debes agarrarte a una espera
que ya es imposible.
Es normal que tengas muchos pretendientes
porque eres guapa y un buen partido.
No necesitarás deshacer
lo que has tejido por el día.
Es mejor que te inclines
por alguno de esos pretendientes,
como yo también lo fui un día,
hace mucho tiempo.
Quedará mi recuerdo
flotando en el mar de la memoria
y lo que quiero sobre todo
es que te vaya bien.
Solo pido que el que ocupe mi lugar
al menos te haga igual o más feliz
que te hice yo.
Cuando ya no pueda regresar, Penélope,
tendrás que abrir tu corazón
porque la vida continua,
es muy dura la soledad
y la sombra del luto
tarde o temprano se dispersa.
Yo estaré en algún pájaro
cantando que gracias a ti
supe lo que es la alegría de vivir.

RELACIÓN ENTRE LA LIMPIEZA
Y UN MONJE TRAPENSE

Es sábado
y hoy toca limpiar.
No se puede estar
leyendo y escribiendo todo el rato.
Al limpiar la casa
miro con otros ojos
lo que tenemos en casa:
los libros, los cuadros, los muñequitos,
los recuerdos y las fotos.
Me hago monje trapense:
soy trapo que limpia
y que me limpia al mismo tiempo.
También el polvo se asienta
en las repisas de mi débil corazón.

LAS PLANTAS LLORAN

Para mí que las plantas lloran
si están cerca de flores de plástico,
si huelen a fritanga,
si oyen mentiras,
si hay muchas deudas en la casa,
si viven al lado de un enfermo,
si suena la música muy alta,
si surgen peleas familiares,
si alguien solo piensa
obsesivamente en ascender
para ganar dinero,
si están rodeadas de libros aburridos,
si están cerca del televisor.
Es normal que las plantas
se sientan agobiadas
y rompan a llorar.
Esas lágrimas no les sirven para beber,
hacen que la savia
sea más bruta de lo debido
y se atraganten o tengan carraspera.

Tienda de consuelo

Cuenta Plutarco que en Corintio existía una tienda
que se dedicaba a vender consuelos,
a confortar a las personas tristes.
Utilizaban las palabras
como una pomada
para serenar el alma,
tranquilizar el ánimo.
¡Qué importante es
encontrar discursos a mano
que nos alivien la pena
y sosieguen nuestras inclemencias!

CONSEJO A UN POETA

Homenaje a V. Huidobro

El poeta me emociona
cuando habla del otoño
si consigue que se caigan
las hojas de los árboles
o si oigo cómo crujen
al ser pisadas.

Relaciones sexuales
en el arca de Noé

El arca de Noé
debía tener tres partes.
En la de abajo estarían la despensa,
establos y letrinas
(así se resolvería el problema de los excrementos
y las aguas residuales).
Por supuesto, separarían
los herbívoros de los carnívoros,
para evitar las luchas entre ellos
y la desaparición de alguna especie.
Allí no estaban permitidas
las relaciones sexuales.
Esta prohibición no la respetó Cam,
el hijo de Noé,
que se acostó con su mujer
para que no pensaran
que el hijo que esperaba
era de otro, de un ángel caído
llamado Shemhazai.
También se la saltó el perro.
Y el cuervo, que fue el único
que entró en el arca sin pareja,
y tuvo relaciones
con el águila y con otras aves.
El cuervo fue el primero en salir del arca
para comprobar si había tierra firme,
pero no quiso regresar
harto ya de tanta encerrona sin pareja.

LAS LÁGRIMAS DEL BEBÉ

Cuando el bebé
supo que le tocaba nacer
le salieron unas lágrimas
que salaron el líquido amniótico.
Nada pudo amortiguar
el golpe de enfrentarse al mundo
a portagayola.

Historia universal
de la literatura

Cuando era pequeño
mi padre hizo el esfuerzo económico
de comprarme los libros,
que venían acompañados de un fascículo,
de la Historia Universal de la literatura
de Orbis Origen.
Nada menos que cien libros
de lo mejor de la literatura
con traducciones excelentes,
editados en pastas duras de color marrón.
Poco a poco me adentré
en el mundo de los clásicos,
que nunca terminan de decir
lo que tienen que decir,
como señalaba Italo Calvino.
Mi padre no se leyó
ni un solo libro
porque no era aficionado a la lectura.
Él no sabía que con aquella colección
sembró en mí la pasión por leer y escribir.
Aquellos libros que salían cada semana
y se anunciaban en la tele,
resumen la que es hoy mi biblioteca.
Y leo y releo esos libros no solo por mí
sino porque quiso quedarse en ellos
la memoria de mi padre.

EL JUSTO MEDIO ARISTOTÉLICO ES
EL ARTE DEL ALPINISMO MORAL

Cuando Aristóteles señala
que la virtud está en el justo medio
no se trata de una media aritmética,
o una distancia equidistante
entre el exceso y el defecto,
que se sitúan en los extremos.
El que practica el justo medio
ocupa una posición elevada,
por encima de los lados,
no es fruto de la suma y la división
o de una tibia moderación.
Es un ejercicio de alpinismo moral.
La grandeza moral siempre conlleva
una dosis de audacia y de coraje.

ELOGIO DE LA LENTITUD

Me maravilla la lentitud
del monje contemplativo,
marcada por la confianza
de saber que el tiempo
está en manos de Dios,
que no depende de nosotros
hacer que algo transcurra
más deprisa o más despacio.
Cuando reza parece
que paladea cada palabra
para saber su sabor.
Admiro este reconocer
que una hora es poca cosa
porque Dios definitivamente
ha abierto los relojes al sin tiempo.
Ellos guían su vida
por la liturgia de las horas
pero saben que en cada minuto
late una ventana a la eternidad
y no tiene sentido acelerar el paso.
Nunca con tanta lentitud se hizo tanto
y se desveló la mano relojera
que armó la maquinaria del mundo.
Lo inacabable siempre es lento.

El color del general Rojo

El general Vicente Rojo
ingresó muy joven
en la Academia de Infantería de Toledo
y fue el número 4 de su promoción.
Incluso en esta Academia
llegó a ser profesor de táctica.
Subió los peldaños de dos en dos
y consiguió el generalato en poco tiempo.
Era un hombre de estudio,
ferviente católico,
con carácter débil,
con pocas dotes de mando
pero con simpatía y amabilidad,
incapaz de hablar mal de alguien,
experto en nadar entre dos aguas.
Cuando estalló la Guerra Civil
se mantuvo su fiel a la República.
Por encargo de Largo Caballero
le tocó ser mediador
entre el gobierno de la República
y los defensores del Alcázar de Toledo,
entre los que figuraban muchos de sus amigos,
con el fin de conseguir su rendición.
Los republicanos habían colocado
una mina en el subsuelo del Alcázar
y pronto la harían estallar,
con el posterior asalto a la fortaleza.
Antes de hacerlo,
para evitar una masacre,

mandaron al general Rojo
para que liberaran a las mujeres, los niños
y los que no eran combatientes.
Desde una de las ventanas
del Museo de Santa Cruz
se avisó con un altavoz
que se ofrecían para parlamentar.
Se acordó la cita para la mañana siguiente
y que entrarían por la puerta de Carros.
Al general Rojo lo vendaron los ojos
y lo llevaron al despacho
del coronel José Moscardó,
donde estaban sus amigos Alamán y Piñar.
El general Rojo les entregó un documento
con las condiciones de rendición,
que no fueron aceptadas, como se preveía.
Pidieron, eso sí, la atención espiritual de un sacerdote.
Algunos pensaban que el general Rojo
se quedaría dentro
ayudando a sus amigos en la defensa del Alcázar,
pero no fue así.
No lo hizo por miedo
a las posibles represalias contra su familia.
Dicen que el general Rojo
animó a Moscardó a resistir
y que incluso se despidió de sus amigos
con un emotivo ¡Viva España!,
que fuera de aquel entorno
le hubiera ocasionado el fusilamiento.

Antes de salir del Alcázar
pidió llevarse de recuerdo la venda
con la que le taparon los ojos.
Tras la caída de Cataluña
se marchó a Francia
dando la guerra por perdida.
En un expediente el general Franco
mandó escribir que había que negarle
el pan y la sal.

ÉPOCA OSCURA

Es angustioso no saber
lo que pesa y lo que mide un problema.
No podemos calibrar lo que supone
porque sus contornos están llenos
de dolorosa oscuridad.
Es mejor esperar a que se aquiete.
Solo desde la luz todo se despoja
de ropajes extraños
y se presenta con la desnudez de lo que es.

V
EN EL SALÓN DE CASA
ESTAMOS MEJOR
QUE EN UN *RESORT* DE LUJO

La ternura excesiva

Homenaje a Gloria Fuertes

Mucha ternura
puede llegar a ser agresiva.

No es igual

Ella no se desnuda igual
cuando está sola
que cuando está conmigo.
Si estoy al lado
sabe que la miro,
como si su cuerpo
fuera un cofre de monedas de oro.
Es verdad que el tiempo
ha descascarillado la piel
y que el pudor
ha perdido gas.
Pero su cuerpo desnudo
sigue teniendo una luz teniente
que me atrae.
Es como un misterio
que no acabo nunca
de gozar del todo,
como si en algún rincón de su carne
algunas de sus células
acabaran de nacer
y esperaran impacientes
la lluvia de mi tacto.

EGOTECA

En el trastero
tengo ejemplares de mis libros,
lo que Mario Paoletti llamaría la egoteca.
Al principio quería
tener muchos ejemplares
para regalarlos.
Pero me he cansado
de dar libros
a personas que no los aprecian
ni los leen.
Y están ahora allí
junto a las garrafas de aceite
y las cajas de leche.
Pero ante el valor creciente
del aceite y de la leche
mis libros se deprimen,
disminuye su autoestima,
y son ellos los que me piden a gritos
que los regale.

Pírrico

El rey griego Pirro de Epiro
derrotó a los romanos
en la batalla de Ásculo en 279 a.C.
Lo consiguió
a un precio muy alto,
pues murieron muchos
de sus soldados.
¿Compensa ganar
de esta manera?
Posiblemente no.
No se trata solo de vencer,
hay que tener en cuenta
las bajas o los daños colaterales
antes de comenzar una batalla.
Una derrota puede ser
una manera de vencer.

Nieve morena

Yo sé que a la nieve le encanta
sentirse acariciada por el sol.
Sabe que si aguanta en derretirse
podrá huir del tópico
y se irá siendo nieve morena.

EL SOLDADITO DE PLOMO Y EL AMOR

Yo era el soldadito de plomo.
Cuando uno tiene muchos defectos
es como si le faltara una pierna.
Tú eras la bailarina,
porque añadías a mi mirada
una música de horizontes soleados.
Pero el viento de la vida
me empujó a la calle
y por hache o por be
terminé perdido en la inmensidad del mar.
Estuve en la barriga de un pez
como le pasó a Jonás y a Pinocho.
Alguien lo pescó y lo vendió
y por azares del destino
llegué de nuevo hasta tu casa.
Estábamos juntos otra vez
hasta que otro viento
nos tiró a la chimenea encendida,
donde cada uno perdió su forma
y nos convertimos en un solo corazón.
Es a eso a lo que aspira el amor,
a vivir con la misma sístole.

MONTAÑA PARA TI

Sabes que me gusta esconderme
pero me encantaría ser esa montaña
a la que vas a descansar,
a respirar un aire puro,
a paladear la bondad de la naturaleza.
Con mis laderas te abrazaría
para aplacar la locura
de la vida cotidiana,
tan llena de problemas y quehaceres.
Y me agacharía para que enseguida
llegaras a la cima
para acercarte los nidos de las nubes,
y llenarte el paisaje de frambuesas.
Ser montaña para ti.
Regalarte lo que tengo de alto
y lontananza.

A LA SOMBRA DEL CUADRO
EL GRAN MASTURBADOR DE DALÍ

El gran masturbador
se viste de astronauta,
despega él solo en su cohete
y llega hasta la Luna.
Al principio era Luna llena
pero después se quedó menguante.

Relación entre la enfermedad y el diálogo

Cuando enfermo
sé que el cuerpo
quiere llamar mi atención.
Acerco mi oído
a un brazo o una pierna
para escucharlo,
porque sé que a veces vivo
como si no tuviera cuerpo
o me importara poco.
Es momento de dialogar con él
porque tiene muchas cosas que decirme.
Hablar con las manos y los pies
contribuye a recuperar la salud.

SE AMA MEJOR POR LA MAÑANA

Quizá es verdad
que se ama mejor
por la mañana.
Tras despertar
tienes las fuerzas en flor.
La luz te empuja a ver en el amor
más luz.
Tu pecho necesita expandirse
cuando el día
se ofrece como hoja en blanco.
La vida te concede
otra oportunidad
para inventar el mundo
y poner tu corazón en juego.
Estás más generoso y receptivo.
Por eso pienso que quizá
el mejor tiempo de amar es la mañana,
y no la tarde,
en la que se está de caída
y es la hora en la que el cansancio
te erosiona.

TE INCLINAS HACIA UN LADO
CUANDO HABLAS

Cada vez que hablas
te sales de tu centro,
te vas hacia los lados,
hacia abajo o hacia arriba,
a la izquierda o a la derecha.
Cada vez que hablas
sales de tu casa,
viajas para llegar
hasta el oye de quien te escucha
(ojalá no solo te oiga)
cargado de oraciones.
Conviene no hablar mucho
porque eso te descentra,
te costará después
recuperar tu punto de partida.
Es muy fácil perderse
hablando todo el rato,
poniendo tu columna vertebral
en el tal y cual de las palabras.

QUE SE VAYA EL DOLOR

Homenaje aristotélico a M. Altolaguirre

¡Abrid las puertas y las ventanas!
A ver si se marcha este dolor.
Está en casa dando vueltas,
choca con las ventanas
con su oscuridad de mosca
y se queda a mi lado
con su zumbido.
¡Abridlo todo!
Que este dolor
tiene que marcharse,
que ahora le toca a otro
sentir sus arañazos.
Este dolor lleva mucho tiempo
en el aire
y un accidente que necesita una sustancia
para tomar cuerpo.

El poeta Nicolás del Hierro
sirve un vino

El poeta Nicolás del Hierro
abre la botella de vino
delante de los comensales.
Cuenta que tiene
un color rojo rubí claro,
presenta recuerdos de frutos negros y rojos
con toques minerales.
Parece que las uvas
han vivido en un bosque.
Una vez que llega al paladar
tiene taninos sedosos
y una acidez refrescante.
Es un vino con firma y elegancia,
con una buena relación
entre calidad y precio.
Todos los vinos que ofrecía
pasaban antes por la barrica
de su madera de poeta.

La última electricidad de Ramón Gómez de la Serna

Cuando Ramón Gómez de la Serna
se estaba muriendo
puso en el cabecero de la cama
un letrero en el que se leía:
«No tocar, peligro de muerte».

Un ejemplo de ir sobre seguro

No quiero empezar el libro
por miedo a que se termine.
Lo acabo de comprar
y sé que voy a caballo ganador,
que me va a gustar seguro.
¡Cuántos libros compro
que caen en el olvido
y tengo que regalar después!
Pero este no es el caso.
Sé que el disfrute
está garantizado,
que desde el primer verso
es ambrosía o delicatessen.
También puedo hacer
una lectura rapidísima
y luego otra más despacio
y otra a cámara lenta.
Y así afrontar sus páginas
desde todos los tiempos posibles.
¡Qué bueno saber que un libro
lleva la garantía del deleite!

CAER DEL CABALLO

Me he caído del caballo
varias veces,
como Pablo camino de Damasco.
Pensaba que me había convertido,
pero siguieron las dudas,
hacer las cosas a mi manera,
pintar el cielo
con el azul que más me gusta.
Me volví a caer
y otra vez pasó lo mismo.
¿Cuántas veces tendré que caerme
del caballo?
En algún momento llegará
esa caída que me abrirá los ojos,
que ya no necesite más caídas
para llegar al último suelo.

Currículo

Hace muchos años
que no actualizo mi currículo.
Lo dejé paralizado,
detenido en un recuento inútil.
No da noticia
de lo que he hecho
ni sobre todo de lo que soy.
Y es fácil conseguir méritos
excavando o mirando debajo de las piedras,
con un poco de amiguismo
y de imaginación.
¿A cuento de qué resumirme
en mis estudios y mis publicaciones?
Me escapo como Morris en la Fuga de Alcatraz
de esta prisión de brillos
que pretenden deslumbrar al que los lee.
Mi principal mérito
es que he amado,
aunque no sé si lo suficiente.
El amor es lo único que puede salvarme
en la verdadera universidad de la vida.

EL MAL CONSEJO

Me lo encontré
cerca de la biblioteca de la Facultad.
Me dijo que estaba haciendo
una tesis doctoral
sobre curas y beneficiados en el siglo XV.
No tenía beca, ni contrato,
ni vinculación con la Universidad.
La tesis doctoral es útil
sobre todo para hacer carrera académica,
para introducirse en la oscura
escalera profesoral de la Universidad.
Le aconsejé que buscara algún trabajo
y que quizá la tesis pudiera afrontarla
más adelante por eso de *primum vivere,*
deinde philosophari
que decían los clásicos.
Él acabó su tesis y la defendió
con los máximos honores
y tiempo después sacó su plaza
como profesor de Historia en un instituto público.
Me mandó un mensaje al móvil
diciéndome que mi consejo le había herido,
porque le había desanimado
y que gracias a su tesis
pudo incrementar el baremo
para sacar plaza en la oposición.
Sentí mucho que aquel comentario
le dañase, pues no era mi intención.
Le pedí disculpas.

Es difícil aconsejar
y con la mejor intención
se puede provocar un hematoma.
He escrito este poema a modo de disculpa.

Madrugar en el hotel

Parece que no pega el verbo madrugar
con el sustantivo hotel.
Es como un oxímoron.
A un hotel se suele acudir
de viaje de placer,
a divertirse, a saltarse
las normas y las ocupaciones
que suelen regir la vida cotidiana.
En un hotel los relojes
se quedan blandos, como los de Dalí,
y no pinchan sus agujas.
No digo que nunca se haga
pero se suele arrojar por el desagüe
la necesidad de levantarse pronto.
En un hotel el tic tac
entra en parada cardiorrespiratoria.

Apreciaciones
sobre la climatología

El hombre del tiempo
avisa de que vienen inclemencias.
Parece ser que va a hacer viento,
bajarán las temperaturas y lloverá.
Pero por ahora no ha cambiado
ni un pelo la climatología.
Luce el sol y no se ve
ni una nube gris.
¿Se habrá equivocado
el meteorólogo en sus previsiones?
¿Habrá querido la naturaleza
saltarse las previsiones,
escribir de otra manera su propio destino?
¿Será que cambiará todo
de repente, al final del día?
Entiendo que la naturaleza
se esconda y huya
de las isobaras y los anticiclones.
Es juguetona
y no le gusta que señalen su clima
con mucha antelación,
como si su personalidad
estuviera escrita de antemano en algún cielo.

El poema siempre es generoso

El poema siempre es generoso.
No le importa tener poca luz,
ser algo prosaico,
llevar las uñas largas
o expresarse con sentido del humor.
El poema siempre está dispuesto
a acogerme,
a recibir las palabras
que me gustan,
a desarrollar un tema
que quizá puede ser un poco raro
o demasiado original.
Él no se queja,
no pone peros
y siempre está abierto
a decir lo que yo quiero,
a vivir en la pobre arquitectura
que levantan los ladrillos de los versos.
Solo puedo agradecer
que se haga poema para mí,
para llevarme en brazos
venga como venga,
ya ofrezca algo brillante
o un puñado de mi nada.
Ojalá pudiera ser yo
también poema para los demás.

DEBE Y HABER

A veces siento que lo tengo todo
y no debo nada.
Y otras que no tengo nada
y lo debo todo.
Es obvio que se me dan muy mal
los números.
He convencido a mi haber
para deberlo todo,
para estar en la absoluta pobreza
ante la vida.

EL ZUMO EQUIVOCADO

Homenaje a Louis Braille

El ciego coge el tetrabrik
en el supermercado.
Quiere comprar zumo de piña
pero en el etiquetado
no aflora su contenido en braille,
nada añade luz
al tacto de sus manos.
¿Y si es de leche,
o un caldo de cocido
o de paella?
No quiere preguntar.
Le apetece reafirmarse
en su autosuficiencia,
la de valerse por sí mismo.
Lo compró y cuando llegó a su casa
al probarlo descubrió
que era zumo de melocotón.
Estuvo muy cerca.

QUÉ VALIENTE ES EL AGUA
DE LA CISTERNA DEL VÁTER

El agua de la cisterna del váter
debe de ser muy valiente,
tener bíceps de gimnasio,
no hacerle ascos a nada.
Espera que aparezca
algo que nadie quiere
(como el pis o las heces)
para llevárselo todo, con la nariz tapada,
hacia la red de alcantarillado.
El agua sucia necesitará
terapia para recuperarse,
para alcanzar una dignidad mínima
con un tratamiento especial
para poder ser reutilizada.
Pero en su adentro llevará la mancha
de no ser tener la limpieza del principio.

La verdadera noche

¿A partir de qué cerrazón
la noche tiene suficiente oscuridad
para ser noche entera,
totalmente al cien por cien?

Se quedan dormidos
los amigos en Getsemaní

Tarde o temprano
cada cual se encuentra con su Getsemaní.
No me refiero a la cita con la cruz,
que llegará siempre,
sino a la decepción de los amigos.
Mientras tú sufres
ellos se quedan dormidos,
no pueden ayudarte
a sujetar el peso que te hunde.
Siempre has estado acompañado
pero en ese momento
esa soledad duele.
Los amigos también fallan,
no responden como a ti te gustaría.
No es que no te quieran
sino que no están en tu pellejo,
se comportan a su manera
y esa pequeña distancia se agiganta
porque no cumplen tus expectativas,
no actúan como tú hubieras hecho en su lugar.
Y entonces eres el hombre acompañado
más solo del mundo.
Y esto se suma a la cruz
que te espera en el Calvario.
Y esto la hace más pesada.

El cuerpo es mi alma

A veces siento que mi cuerpo
tiene instinto de alma,
se fija en algo inmaterial
que no le corresponde,
que va más allá de sus sentidos.
Y no me extrañaría nada
que mi alma se espesara
y actuase como si fuera mi cuerpo,
se echara colonia y se afeitara,
tuviese hambre,
se vistiera de carne
para darse un gusto de presencia.
Entonces ya nadie podría diferenciar
mi cuerpo de mi alma.

Lagartija en ti

Yo soy ese reptil
que merodea por tu espalda,
se sube a la colina
de tus pechos para tomar el sol
y ante cualquier peligro
bajo por tu vientre
y me escondo en la hendidura de tu sexo.
De ser un animal
prefiero ser lagartija en ti.

Normal y corriente

Soy un hombre
normal y corriente.
Normal porque me ajusto
a muchas normas.
Y corriente porque me someto
al transcurrir del tiempo.
No puedo huir
de la mediocridad,
pues la llevo escrita
en el fondo de mi pecho.
Soy hijo de la limitación.
Pero si he llegado hasta aquí
es para saltarme
algunas normas
y para huir de la inercia
nadando contracorriente.

Donde hay un árbol
hay un bosque

Fíjate en el árbol.
Cada rama crece
con la fuerza de un árbol.
En su copa todas las ramas
se sienten habitando
un sustantivo colectivo.
Cada raíz guarda un cariño especial
por alguna rama.
Cada pájaro deja en sus hojas
la altura de otros árboles.
En cada anillo vive un árbol.
Cada árbol respira
con un corazón de bosque.

Relación entre el agua
de una botella y la de un charco

No bebas de la botella
en la que otros han bebido a morro.
¿Por qué no han usado un vaso
o han bebido en modo botijo?
No han pensado
en los que vendrán después
a beber de esa botella.
El egoísmo ha contaminado
la pureza del agua,
que ahora guarda un lejano parentesco
con la de un charco.

La paradoja de Zenón

Variación a partir de una reflexión
de Ricardo Piglia

Empiezo a corregir un poema.
Lo vuelvo a corregir
y a continuación
veo que puede mejorar.
Me pasa como a Zenón:
siempre que alcanzo a la tortuga
me saca algún centímetro.
Porque el poema siempre podría ser mejor.

LAS PULSACIONES DE ADÁN

Extiendo el brazo en la playa
para que el mar
me tome las pulsaciones.
Deben ser parecidas
a las que tenía Adán en el paraíso.

Síndrome de Eróstrato

Hay que ver a dónde se puede llegar
por conseguir la inmortalidad
a cualquier precio.
Eróstrato se propuso pasar a la historia
por incendiar el templo
de Artemisa en Éfeso,
una de las siete maravillas
del mundo antiguo.
¡Hay que ser gilipollas!
No te esfuerces en buscar la fama
haciendo barrabasadas.
Es mejor que tu recuerdo
rebote en las paredes de la historia
con una musiquita bondadosa.
De todas formas al final te devorarán
las arenas movedizas del olvido.
Su mordedura será más cruel
si solo te has dedicado a descascarillar
la capa de ozono.

LA RAÍZ COMÚN

La naturaleza también
conoce la muerte.
Un animal ve cómo se seca una flor,
una montaña observa
cómo un río desemboca en el mar,
una hoja nota
cómo se le oxida el vuelo a un pájaro.
Todos asumen que eso forma parte
del ciclo de la vida,
viven cuando toca vivir
y mueren cuando
hay que morir,
sin angustia ni preocupación.
Viven la realidad
con un sentido de alegría.
Incluso saben que alguna vez
llegará el fin del mundo
y todos respirarán
con una savia diferente.
Qué gran enseñanza
asumir lo que nos regala la vida
como si formásemos parte
de una naturaleza común,
como si estuviéramos agarrados
todos a la misma raíz.
Yo también tengo
la raíz del zorro y de la seta,
de las nubes y las algas,
de las sardinas y el liquen.

Ya decía Tomás de Aquino
que en cada uno está todo.
La muerte es la consumación natural
de la vida.

Consejo

Si vas a escribir algo
que no interesa a nadie,
que consiste solo en palabras
que suenan bien,
es mejor que no lo hagas,
que lo digas con la boca.
Te lo agradecerá el árbol
del que van a extraer el papel
que pensabas usar.
Lo que escribas debe superar
el maravilloso bosque
que guarda un árbol.
Si no, acógete al silencio
o cómete tus propias moscas.

Desde tus senos el mundo está bien hecho

Escalar desde tu pubis
hasta lo alto de tus senos,
erguidos en su firme cordillera.
Y ver desde lo alto
el inmenso horizonte que eres,
entregado a mi condición andarina.
Y amasar su elevación
como si fuera un ejercicio
de bollería.
Y besar la coronación achocolatada
que se levanta aún más
sobre la areola.
Al lado de tus pechos
florece la armonía.
El mundo está bien hecho
desde tu serranía pectoral.

EL FRUTO VERDE

¿Por qué has arrancado el fruto
si aún estaba verde?
Ya no podrá madurar
con la naturalidad
de estar agarrado al árbol.
¡Pobre fruto a medio hacer!
En su sabor anidará la desdicha
de no haber estado a punto,
aún le quedaba
tiempo para ser el que quería ser.
La impaciencia es arrancar antes de tiempo
lo que la vida nos quiere ofrecer.

La cárcel dichosa

Escribir siempre
desde tu cárcel interior,
agarrado a los barrotes
de tu estricta naturaleza,
metido en la celda
de lo que murmuran de ti
y de tus defectos.
Fíjate cómo desde la prisión
fray Juan de la Cruz,
fray Luis de León y Cervantes.
sacaron a flote
el Cántico espiritual,
De los nombres de Cristo
y El Quijote.
Haz tú lo mismo:
Enciérrate en ti
como un mundano delincuente
para edificar la obra
de tu siglo de oro.

Romanesca

A tu lado me siento
como si perteneciera al imperio romano.

Si a mi cuerpo te encaramas
construyes puentes y calzadas.

Gracias a tus soldados
mi mapa se ha extendido por todos lados.

Y para qué tener más Senado
que estar bajo tus pechos al resguardo.

Bajo tu ordeno y mando
me siento igual que un legionario.

Con tu latín al lado
mi pequeño país es un gran imperio romano.

INDESTRUCTIBLES

Se sienten indestructibles
cuando se aman.
Se sienten poderosos,
capaces de situarse fuera
del tiempo y del espacio,
sin longitud ni latitud.
Cuando se aman
se encuentran por encima de todo,
han encendido un nuevo *big bang*
y están creando un universo propio.
Ante tanto amor
me arrodillo y rezo.
Han cogido un ascensor
que los lleva directamente a un país
en el que el único idioma
que se habla es el infinito.
El tiempo ya no puede hacerles ni un rasguño.

Polución nocturna

Has tenido una polución nocturna.
Tenías el semen acumulado
y la final ha salido a la luz
con esta eyaculación involuntaria
mientras duermes,
gracias a un sueño erótico.
Así lo ha dispuesto tu organismo,
que a la chita callando
regula tus niveles de testosterona.
Has tenido que levantarte
a limpiarte el pene
y cambiarte el calzoncillo.
Tu cuerpo es sabio
y te ha regalado un sueño
para que no termines ahogándote
en la viscosidad de tu deseo.

MIS OJOS Y TUS OJOS

Homenaje a Ángel González

Si te presto mis ojos
es para que veas más y mejor
a lo lejos y a lo hondo.
No quiero que te ensucien
mis prejuicios y mis cansancios,
mi manera tan anárquica
y tan rara de contemplar la vida.
Solo te dejaría mis ojos
si te ayudaran a ver el mundo
como recién llegado del Génesis,
sin desprecintar todavía,
como si te limpiaran todas las miopías
que se agarran a tu manera de mirar.
Me temo que no podré conseguirlo.
Por eso prefiero que no veas nunca el mundo
a través de mis ojos.
Déjame a solas
con mi mirada turbia.

GOLPES EN LA CABEZA

Derek Amato se tiró de cabeza
en la parte menos profunda de una piscina
y sufrió una conmoción cerebral severa
que le hizo dormir durante cinco días.
Al despertar sabía tocar el piano
y nunca había ido a clase de música.
El jugador de fútbol Deben Nsemoh
recibió una patada en la cabeza
durante un partido
y sufrió una conmoción cerebral
que le hizo quedarse en coma.
Cuando despertó
sabía hablar perfectamente el castellano,
y eso que su idioma era el inglés.
Aún no conocemos qué tecla
en el cerebro hay que tocar
para adquirir ciertas virtudes.
Bendita sea esa ignorancia,
ese desconocimiento del cuadro de mandos
para no poner la vida a nuestro servicio.

LA MANZANA ROJA

La manzana que no quiere ser pariente
de la de Eva,
ni la de Blancanieves,
ni la de Newton
ni la de Guillermo Tell
ni la que mostraba Ortega Gasset
en una conocida conferencia
mientras se movía con ella en la mano
para explicar el perspectivismo.
La manzana que no quiere ser
un hombre ni llamarse Ana.
Ni siquiera le apetece dar una vuelta
a la manzana.
Solo desea estar en un cesto
disfrutando del anonimato
de ser manzana a secas.

EL MADRUGÓN

Mi madre me despertaba
muy temprano para ir al colegio.
Era aún de noche.
Tenía que madrugar
porque el colegio estaba lejos
y debía coger un autobús.
Me daba mucha pereza
sobre todo los días de frío,
en los que se estaba a gusto
incubando el calor bajo el edredón.
Y recuerdo cómo se rompía el huevo
y salía la yema del nuevo día,
cómo la luz colocaba todo en el verbo estar
que le correspondía
sin moverse ni un centímetro.
Y oía cómo los primeros mirlos
cantaban para despedir
la textura de la noche,
invitando a la alegría de empezar la jornada
con su canto y con su vuelo.
Y yo era un pajarillo más,
pequeño y asustado,
que tocaba el instrumento de presenciar
la sinfonía del amanecer.
Ya rezaba laudes sin saberlo.

Voto por Cyrano

Yo voto por Cyrano.
Ya sé que Christian
tiene un cuerpo de diez
pero es soso y corto de palabras.
Y tú, Roxane,
lo que necesitas
es alguien divertido,
que te dé mucha vidilla
y forme contigo un equipo
para hacer del verbo vivir una aventura.
Ya sé que no es guapo
y su nariz es como un grifo de cocina.
Pero solo con su labia
te hará escalar muchas montañas
y montar en no pocos aviones.
El verdadero amor
es el que hace de la vida un acontecimiento.

EL ARTE DE CONSERVAR
LOS ALIMENTOS

Qué maravilloso arte
el de conservar los alimentos.
Por ejemplo la desecación,
la salazón, la refrigeración,
el envasado al vacío, la congelación.
Incluso recipientes
que mantuvieran los alimentos con entereza.
¡Qué milagro que unos espárragos
se conserven en perfecto
estado de revista
después de varios años!
¡Cómo no pensar en el arroz,
el azúcar y las legumbres secas
que conservan su sabor
pese al paso del tiempo!
También envasé como una conserva
este deseo de quererte
y se mantiene intacto
frente al desgaste de los siglos.

Breve homenaje
al Cantar del Mio Cid

Cuando llegué hasta ti
solo podía ofrecerte
unas migajas de humo,
unas arcas de arena
como hizo el Cid
con aquellos dos judíos.
Y fuiste tú, con tu alquimia,
quien las llenó gota a gota de oro.
Tu alma fue un ábretesésamo
que me abrió la cueva a un tesoro.
Me hiciste inmensamente rico,
millonario de una moneda
de curso legal
en un país llamado Serfelizcontigo.

TUS PANTALONES

A partir de un poema de Ángel García López

Yo no sé cómo tus pantalones
pueden ser tan coherentes,
recogerte tanto
y estar así, como si tal cosa.
No sé cómo no se ponen nerviosas
las costuras,
cómo no tiembla el color,
cómo no echan humo
los bolsillos traseros,
cómo no pierde algún diente
la cremallera de tu bragueta.
Me hago cruces
de que este pantalón
se mantenga en sus cabales,
siga con el ritual de su apretura
sabiendo que lleva
el manjar de tu carne.
Yo no valdría para ser tu pantalón
porque me costaría sujetarme a tu cintura,
no pensar con nerviosismo
en que en mis manos llevo tu delicia.
Admiro la profesionalidad de tus pantalones.

Omnis festinatio ex parte diaboli est

Los antiguos decían
que la prisa proviene del diablo.
Es verdad que con la rapidez
se pierde raciocinio,
se pueden traspapelar los sentimientos,
destaca el fin
por encima de los medios.
Dios llueve
cuando todo va con el tiempo
que toca,
ya sea más rápido o más despacio,
a lomos del viento o del koala.
Solo en la calma
el amor guarda su hondura abisal.

EL CUELLO DE LA CAMISA

El cuello de mi camisa
dice mucho.
Ahí se acumula el sudor
de lo que he dicho
y lo que he callado.
Ese cuello también sujeta
lo que se me ha pasado
por la cabeza y por el pecho.
En ese cuello se agarran
todas mis voces,
también la fiebre de mi alma.

Orejitas de pertenencia

En el pueblo ciudadrealeño
de Alcoba de los Montes
para controlar y ordenar los pastos
y evitar robos
se marcaban las orejas
de las ovejas y las cabras.
A veces se hacían
a fuego con un hierro
y sobre todo con tijeretazos y despuntes.
El verbo transeñalar
alude a esta tarea,
que se hacía en febrero,
en días fríos para evitar
que las moscas pusieran huevos
en los cortes de las orejas.
Hay muchos tipos de cortes,
como el descarte, la horquilla,
el despunte, el bocado,
la tijeretada y la hoja de higuera.
Las orejas de mi corazón
también están marcadas
porque soy de su rebaño.
Y mi pasto es su nombre,
el de la persona que amo.

Preparativos para el amor

Lo preparamos todo
antes de hacer el amor.
Se busca que en la habitación reine
una luz vestida con elegancia
El cuerpo está tan planchado
que podría formar parte de la cubertería.
La ropa justa,
que se desprenda con rapidez
y eche gotitas de levadura al deseo.
La saliva en flor
y los pañuelos de papel a mano.
Cada uno lleva un alpinista
para escalar al otro,
para que el verbo ser y estar
de cada uno
se encuentren en la cúspide.
Todo está listo para que el cuerpo
suba a lo más alto
y ya no pueda distinguirse del alma.

ALGUNOS PROBLEMAS DE LA TOS

Hay un momento curioso
en la novela *Acoso* de Michael Crichton,
basada en hechos reales.
Cuando la mujer se encuentra
en pleno desembarco sexual con el guaperas
de su subordinado, que fue su antiguo novio,
este decide parar, echar el freno,
saca a flote un no rotundo.
Su abogada le pregunta
por qué no siguió adelante
con esa mujer de cuerpo irresistible.
Él contesta que porque ella tosió.
Argumenta que eso significa
que no existe una entrega de verdad,
que hay una dosis de fingimiento.
Ese tosido también
lo despertó del encantamiento de la seducción,
le hizo preguntarse qué estaba haciendo.
Tom Sanders, que interpretó
Michael Douglas en la película,
se retiró a tiempo y pasó de ser acosador a acosado
por la música estridente de un tosido.
En la película *Pelham 1, 2, 3*
se produce un secuestro de un tren
con pasajeros a bordo
con la intención de conseguir
un millón de dólares como rescate.
Aquí es un estornudo

el que delata al secuestrador
que llevaba las negociaciones con la policía.
Toser dice mucho más de lo que parece.

MALGRÉ LOPE

Para estar conmigo
no me bastan mis pensamientos.
Si me pienso
por todos lados sales tú
añadiendo sal
al hombre en el que vivo.
Si me pienso
más que cerca de mí
lo que quiero es
estar contigo.
No me basto yo
para ser yo
si no retumba en mí
el runrún de tu latido.

Por mí y por todos mis compañeros

Ya he dicho muchas veces
que vivir es un verbo
con mucha responsabilidad
porque no solo vivo por mí,
sino también por los que quiero mucho
y ya han muerto.
Ellos están en mí
cuando los recuerdo,
cuando hablo de ellos,
cuando hay algo, como un libro o una camisa,
que retiene aún un calor
que fue suyo.
Un corazón es mucho para mí solo
y por eso también ellos
pueden beber en el pequeño bebedero
de mis latidos.
Lo dice Borges mejor que nadie:
yo soy el Atlas que mantiene
su inmortalidad sobre la tierra.

Adiós a la ciencia

Ya no espero nada de la ciencia.
Puede avanzar
y ofrecer relevantes descubrimientos
y vender la moto
de nuevas vacunas.
Pero yo no espero nada.
Lo que me hace feliz
no depende de sus números
ni de sus microscopios.
Solo el amor me ofrece
la solución real
que mi salud necesita.
La realidad que me conforta
la tengo ya contigo
en la punta de mis dedos.
No quiero ninguna América más.
Tu cuerpo
es mi mapamundi completo
y nada interesante me puede ofrecer
la ciencia del mañana.

El negro en la naturaleza

Creo que la naturaleza huye
del color negro.

AMANECER EN TI

Cuando amanece
y despierto en la cama a tu lado
sé que todo está en su sitio,
regreso a esa realidad que dejé
cuando dormía.
Estás junto a mí
desde hace tantos años,
mirándome o dándome la espalda.
Te acaricio para constatar
que he salido del sueño
y entro en otro,
en el que gracias a ti
todo ocupa milagrosamente el lugar asignado:
la sal, el salón, el barrio, el trabajo.
Mi amanecer es posible
porque amanezco en ti.
De ti sale la luz
que amamanta el sol que quiero.

ESTA CLARA DE ASÍS

La poeta María José Vidal
echa trozos de pan
a los pájaros y gatos
en la explanada cercana al Alcázar.
Me habla del método
que usan los gorriones
para acercarse al pan.
Los animalitos la buscan
y saben que ella
les proporciona alimento y compañía
como una Clara de Asís toledana,
aunque ella es gallega
y pese a los años
mantiene su acento
como si fuese una hebra
que se le ha quedado entre los dientes.
Me cuenta que lee
a Nietzsche y Cioran.
Cuando ella echa migas de pan
también se convierte en pajarillo.
Ellos la regalan otro pan:
un manojo de vuelo y de tejado
a modo de inspiración
para escribir poemas.

El ancla excesivo

Procura que el ancla
no pese demasiado
ni eche raíces.
No sea que quieras continuar la singladura
y no puedas levarlo
y estés atado a un puerto
en el que te sientas
en la más terrible de las intemperies.

El gusto de bostezar

Los mamíferos y la mayoría de animales
con columna vertebral bostezan.
Por ejemplo, los peces,
las serpientes, los búhos
los cocodrilos y las aves.
El hombre comienza a bostezar
a las doce semanas en el útero,
así practica la apertura de la mandíbula,
porque no se puede hacer
con los dientes apretados.
A diferencia del hipo,
bostezar tiene un carácter contagioso
aunque nos tapemos la boca.
En él se estiran los músculos faciales,
se inclina la cabeza hacia atrás,
se dilatan los pulmones,
se entornan o se cierran los ojos,
se lagrimea y se abren
las trompas de Eustaquio.
Un bostezo es como un estornudo,
no se puede dejar a medias.
Su principal estímulo es el aburrimiento,
y sobre todo cuando llega el sueño
y después de despertarse.
Incluso leer un poema sobre bostezar
puede provocar el bostezo.

Vindicación de Marcial Lafuente Estefanía

Homenaje a Antonio Casado

Aunque pocos lo sepan
Marcial Lafuente Estefanía
era toledano.
Nació en la calle de las Bulas número 4
donde su padre tenía
su bufete de abogado.
Recorrió los Estados Unidos de América
como ingeniero industrial
por motivos de trabajo.
En la guerra civil estaba
en el sindicato CNT afiliado.
En el frente de Toledo
fue general de artillería
en el Ejército republicano.
Le llamaban el ángel rojo
de Chamartín de la Rosa
(donde fue tercer teniente de alcalde y concejal)
pues salvó a varios a los que la muerte les llegaba
hasta el cuello,
ya que iban a ser ejecutados.
Después de la guerra pasó en la cárcel algunos años.
Allí empezó a escribir
con un lápiz en un rollo de papel higiénico,
lo que tenía a mano.
Fue el preso más libre
pues gracias a la imaginación

vivió con un corazón prestado.
Cuando salió, se trasladó a Vigo
y se dedicó a escribir novelas del oeste
al principio con la editorial Cíes y después en Bruguera
con un ánimo desbordado.
Así escribió una novela por semana,
al final fueron dos mil seiscientas del oeste
y reediciones de treinta mil ejemplares
para satisfacer el estómago del mercado.
Se documentaba con un libro
sobre la historia de Norteamérica,
un atlas muy antiguo
y una guía telefónica para sacar
los nombres de los personajes.
¡Qué pasión la de escribir
en el tajo y a destajo!
Y para ser verídico,
como le pasó a Salgari,
le bastaba la radiografía de los libros.
Marcial Lafuente Estefanía
también firmó como Tony Spring,
Arizona, Dan Lewis y Dan Luca
y con las manos de sus hijos a su lado.
Novelas del oeste y también rosas
(con el nombre de María Luisa Beorlegui
y Cecilia de Iraluce),
con personajes que parecían
sacados del teatro de nuestro siglo de oro
como su galán, su dama y su villano.
Se afincó en Arenas de San Pedro,
donde la naturaleza le regalaba

un esqueje montañoso del Canón del Colorado.
Primero murió su esposa
y él seis años más tarde
de pulmonía en un hospital de Madrid,
donde está enterrado.
Es triste que en Toledo no haya una placa
que recuerde su paso.
Así lo propuso en un artículo
mi amigo y compañero Antonio Casado.
Todos necesitamos un oeste
que nos saque de la terrible cueva oscura,
como a Lázaro.
Cada cual lleva en su pecho
la estrella del *sheriff*,
viendo que en la sociedad
la maldad es una hiedra
que trepa sin descanso.
En nuestro salvaje oeste
no quiero una justicia fría,
excesivamente legal o matemática.
Para que sea humana
debe ser poética y compasiva.

ME ENCUENTRO UNAS ALAS JUNTO AL CONTENEDOR DE BASURA

¡Qué suerte tener alas!
Pero al final encontró
su sitio en el mundo,
donde quería ser y estar
y se las quitó,
las dejó en un lugar público
por si le valían a otra persona.
Ya había descubierto
dónde echar sus raíces.

PARÁBOLA DEL JABÓN

Mira el jabón cómo se disuelve
poco a poco en la bañera.
También me diluyo
al enjabonarme con los demás.

DIEZ MITOS SOBRE LA SALUD

A partir de un texto de R. Vreeman y A. Carroll

No es verdad que solo se utilice
el diez por ciento del cerebro.
No es verdad que el número de suicidios
se incremente en Navidad;
suele ser en el verano.
No es verdad que leer con poca luz
dañe la vista,
pues no afecta a la estructura de los ojos.
No es verdad que se puedan curar las resacas.
No es verdad que cenar engorde,
depende de las calorías que se consuman.
No es verdad que tomar mucho azúcar
favorezca la hiperactividad de los niños.
No es verdad que después de afeitarse
crezca el pelo con más fuerza,
solo que el pelo nuevo
al no disponer de punta fina se percibe más grueso.
No es verdad que el pelo y las uñas
sigan creciendo tras la muerte,
solo se retrae la piel al perder líquidos.
No es verdad que por la cabeza
se pierda mucho calor corporal.
No es verdad que los teléfonos móviles
provoquen alteraciones electromagnéticas
en los aparatos médicos,
ni siquiera a la hora de entender este poema.

HERÁCLITO EXPLICA QUE TAMBIÉN LAS MONTAÑAS SE MUEVEN

¿No te das cuenta
de que la montaña en realidad
es una cascada de piedra?

VERTE DESNUDA

Homenaje a García Lorca

Verte desnuda
es recordar a mi suelo
que eres tú donde aprende
a cultivar la dureza.
En ti mis raíces
elaboran la savia más bruta,
con las mejores especias.
Y qué nacionalidad más hermosa
saber que estoy hecho de tu tierra.

ECHO UN POCO DE YIN
A MI VASO DE YANG

Los orientales nos enseñaron
que no debemos practicar
el arte de la separación,
distinguiendo lo bello de lo feo
igual que de un pescado
se quitan con un cuchillo las espinas.
Todo viene en el mismo lote,
todo viene sujeto
a la misma columna vertebral,
todo está regado
por el mismo corazón.
No hay nada totalmente feo.
Siempre contiene una molécula
o un filamento que nos acerca
a la belleza.
¿Por qué no cantar
la timidez del petróleo,
la impetuosidad volcánica del semen
o la desorganización a la que nos somete
la llegada de la enfermedad?
Si hay que hablar de la vida
no podemos quedarnos solo
con los viernes,
con su lado más amable.
Mira que por muchas fotos
que hagas al amanecer
o reivindiques el brillo
de la juventud y la alegría

siempre sonará como música de fondo
un violín de ruina,
un chelo que anuncia
de forma irremisible la erosión.
La vida no se entiende
sin el movimiento de la pérdida.

Instrucciones para ser un burócrata

Se debe tener un culo propicio
para aguantar sentado
durante mucho tiempo.
Hay que mirar el ordenador
con atención y teclear con rapidez
y saber pedir los datos.
Tener una buena cajonera para distinguir
los asuntos ya resueltos
de la pila rascaciélica
de los pendientes.
Un café en tiempo largo
a cualquier hora de la mañana,
que incluye comprar el pan
y lo que se tercie.
Luego que si tienes cita,
faltan papeles
y hay que llevarlos otro día
(el vuelva usted mañana de Larra),
su turno de atención
es aproximado porque siempre
se alarga el de los otros
y se marchará sin dudarlo
cuando acabe su horario
tenga lo que tenga entre manos.
Al final se le queda un corazón
poco empático,
con una frialdad polar,

con poco espacio para ayudar a la gente.
Con más amabilidad trataría
una máquina o un algoritmo.

LA CABEZA DE LA GAMBA

El *chef* graba un vídeo
sobre cómo comer
la cabeza de una gamba.
Se trata de una escena
en un restaurante carísimo,
con una gamba gigante
con sabor a parrilla.
Le quita el caparazón de la parte de arriba
y la muerde.
Después de masticar
dice que es una explosión
de sabor umami y yodado,
con toque dulce y aroma ahumado.
Comenta que es un bocado de dioses.
Las gambas que como
no suelen ser de primera división
y no me afano en su cabeza.
Cada uno festeja la vida
con la gamba que le ha tocado en el plato.

VOY AL LADO DE QUIEN AMO

Me encanta ir de la mano
de quien amo.
¡Qué fuerza,
qué raíces de árbol copioso
siento en mi pulso!
A su lado la vida
es un amanecer abundante,
un don que viene
con una Navidad que no caduca.
Junto a su conversación me caliento,
noto que se reorganiza
el ejército de mis defensas,
soy más poderoso
ante cualquier inclemencia.
Qué afortunado soy
al respirar su aliento.
Me da igual
que venga lo que venga.
A su lado soy una caracola
en la que resuena la grandeza del mar.

Agua a hombros

Debajo del agua sucia
siempre hay agua limpia
que la lleva a hombros
a la enfermería,
para que la curen o la operen,
para que recupere su salud acuosa.

HOKUSAI PINTÓ MÁS DE CIEN VECES EL MONTE FUJI

Hokusai pintó más de cien veces
el monte sagrado Fuji.
Quería representar
su majestuosidad y su significado espiritual
a través de las formas y los colores.
Lo pintó desde distintas perspectivas
como si así pudiera agarrar
su poderosa naturaleza.
A veces era de volcán y oleaje.
El Fuji representa la inmortalidad
y Hokusai la alcanzó
escalando su altura
con las pinceladas de sus cuadros.

LA MEMORIA DEL ÁRBOL

Un árbol nunca olvida cada hoja
que ha perdido.

SÍSIFO HOY

Otro homenaje a Nuccio Ordine

El hombre de hoy
es un nuevo Sísifo
que empuja dos piedras:
la del tiempo,
porque le angustia
estar atrapado por la batuta del reloj.
Y la de la utilidad,
porque siempre quiere hacer
cosas que sirven para algo,
que tengan el brillo
de lo provechoso o lo rentable.
No sabe que la mejor manera
de emplear el tiempo
es dedicarse a lo improductivo,
a lo que no vale para nada
pero te ayuda a ver la hondura
de lo que significa vivir,
a descubrir un oro que alimenta el corazón
y no aparece en el escaparate de una joyería.

El día que ardió Troya

Ya he amontonado
todos mis hierbajos,
todo lo que no me gusta de mí.
Y ahora tiene que arder esta Troya
que ha sido inexpugnable
dentro de mí
durante tanto tiempo.
Que ardan los templos,
las casas, las calles,
todos los gestos de los que quiero huir,
esos principios y manías
que algún día montaron un negocio
o se empadronaron en mi pecho.
Quiero ver cómo arde esta Troya.
Y me marcharé
y buscaré otra manera de empezar,
de poner los cimientos
de un yo que más me agrade
y se deje hacer por mí.

A MESA PUESTA

Ver la mesa ya preparada
antes de comer,
con los tenedores, las cucharas,
los cuchillos, los vasos y los platos,
la barra de pan
y las botellas con las bebidas.
Y ver cómo llega la comida
para dirigir la orquesta
de esta sinfonía alimenticia
en la que todo suena
a dicha generosa,
a lluvia caída de una nube altruista.
Y pensar que todo
lo que hay a mi alrededor
también es una mesa puesta
y tanto les cuesta a mis ojos
sentarse a paladear
tanta comida siempre en flor,
abierta a satisfacer mi paladar.

La última luz

A las estrellas no les importa
reflejarse en la mirada del suicida.

Relación entre las sartenes antiadherentes y el amor

A nadie le gusta
que se le peguen los huevos
en la sartén.
Roy Plunkett descubrió
el politetrafluoretileno
cuando hacía pruebas y experimentos,
con una sustancia que propiciaba el resbalamiento
y no se deshacía al mezclarla.
Un ingeniero francés aficionado a la pesca
lo usó para que su sedal
no se pegara a objetos metálicos.
Y fue su mujer la que lo animó
a que lo probara en las sartenes.
Hoy las sartenes antiadherentes
son necesarias y muy vendidas.
Si algo se pega demasiado
al final se desmorona.
Así sucede en el amor,
que necesita una fina capa de distancia.

Otra versión del poema 'no me las enseñes más'

No me las enseñes más,
que me matarás.
Tiran más que las carretas
por tierra, aire y mar.
Por mucho que corra
siempre están en la delantera
sin cesar.
Dan el do
aunque haya otra nota que tocar.
Invitan a estar en la montaña
y no en la playa a descansar.
Al pie de tus pechos
me hago panadero
con vocación de amasar.
No me las enseñes más
que enseguida soy un pez
que al pezón quiere chupetear.
No me las enseñes más
que pierdo el *oremus*
y en estas cascadas de carne
me quiero bañar.

La muerte de Oliver Reed

Las apuestas son peligrosas.
Durante el rodaje de *Gladiator* en Malta
el actor Oliver Reed
retó a unos marineros
a ver quién aguantaba más bebiendo.
Bebió ocho pintas de cerveza,
doce chupitos de ron,
media botella de güisqui
y un montón de chupitos de coñac.
Momentos después de esta ingesta
murió de un ataque cardíaco.
En la película interpretaba
a un entrenador de gladiadores
llamado Próximo.
Para completar las escenas
que faltaban tuvieron que revivirlo
con la tecnología.
Oliver Reed acabó derrotado
por los gladiadores de su circo interior.

EL AMOR SIEMPRE ES
UNA REACCIÓN QUÍMICA
QUE SUPONE DESPOJAMIENTO

Al atardecer el acero
se despoja del ego del carbono,
se reblandece
y se enamora del hierro.

PENSAMIENTOS DEL HIJO PRÓDIGO
AL VER A SU PADRE DESDE LEJOS

Cuando vio que su padre
se acercaba corriendo hacia él
pensó que le diría
que se arrepentía,
había obrado mal,
he sido un mal hijo.
Tal vez su padre lo insultara
o incluso le podría dar un bofetón.
Sí que se lo tenía merecido.
Pero todos esos pensamientos
se esfumaron como un azucarillo
porque lo abrazó cuando llegó hasta él.
Y era un abrazo total:
borraba de un plumazo
la suciedad y la culpa
con las que venía del pasado.

EL VIENTO MÍO ME HACE PARECER A UN BARCO

En mi interior
el viento no se origina con un
movimiento
de arriba hacia abajo
sino de oeste a este.
La parte del aire
pegada a mi pecho se calienta
con la temperatura de mi sentir
y después va hacia atrás
y así es cómo se provoca este viento mío
que me hace mover
de un lado a otro,
a derecha y a izquierda
como si fuera un barco.

No quiero bajarme del arca aunque cese el diluvio

Mira que afuera
crece el diluvio
lloviendo a mares.
Y tú y yo estamos en la cama
donde nos hemos refugiado
con todos nuestros animales
como si fuese un arca.
Y aquí estaremos leyendo,
abrazados a nuestra cercanía.
No nos bajaremos aunque escampe.
El suelo que surja
no superará el que pisamos ahora mismo,
el que forman tu cuerpo junto al mío.

Controlar la corpulencia

No se trata de meter
las raíces a presión
si hay poca tierra.
O colocar las ramas
si apenas hay espacio
en el tronco.
O esforzarte por respirar
un oxígeno que ya no cabe
en tus pulmones.
O convencerte de que te ame
como tú quieres.
A veces no sabemos
la corpulencia de las cosas
y no tiene sentido adaptarlas
al hueco que hemos creado.
Nuestras medidas no calculan
el volumen de lo hondo.

Mineralogía

Yo soy ese mineral
que solo aspira a salir
a la superficie terrestre
para verte.
Solo me hago fuerte y cristalizo
si te miro.

Ejemplo de moscas listas

Tenía la boca cerrada
y entraron moscas por los oídos.

DICHOSO EL QUE SABE OLVIDAR

Dichoso el que tiene facilidad
para olvidar.
No es rencoroso.
Sabe pasar página.
Asume que a veces conviene borrar
lo que duele
y ser página en blanco.
Todo amor conlleva olvido
porque no lleva cuentas,
no apunta un debe
que haya que afrontar
para estar al día.
Dichoso el que sabe olvidar
y asume lo importante que es
empezar de cero,
tirarlo todo para levantar la casa
en cimientos diferentes
No tiene remordimientos,
ni guarda en el congelador
un recuerdo negativo,
ni hace una salsa en escabeche
para conservar lo que no le ha gustado.
Gracias a los que olvidan
el amor se renueva
con su afán de comenzar de nuevo.
El perdón es la mejor manera de olvidar.
Sabe poner al corazón
ropa limpia y duradera.

LA VOZ DE LA CONCIENCIA

Homenaje a la canción Pepito el Grillo
de Nacho Cano y Germán Coppini

¿A dónde irás sin tu Pepito Grillo?
Si se te apaga la conciencia
te quedas un poco deshabitado.
Ese grillo no cesaba su cricrí
si te acercabas a él a consultarlo.
Pero sin tu corazonada,
¿qué hacer ante la encrucijada?
¿No te sientes un poco ingrávido?
¿Cómo ir a la Roma que buscas
si tu sangre ha enmudecido?
Es duro convivir con un adentro
que no te dice nada.

DIOS CON MAYÚSCULA
Y CON MINÚSCULA

Dios se escribe con mayúscula
cuando vive en el cielo.
Pero se escribe con minúscula
cuando habita
en el cuerpo de un hombre.
Incluso acepta llevar las mayúsculas
del nombre del ser humano
en el que mora.

EL SUELO QUE NECESITO

Yo siempre necesité el suelo,
hacer pie en algo sólido
para levantar
la columna vertebral de mi latido.
Luego aprendí
que necesito muy poco,
que me basta con el tiesto
de tus manos extendidas.

ORACIÓN POR LAS LÁGRIMAS

No puedo vivir sin llorar.
A veces dentro se me muere una célula,
toca partir una cebolla
o se cuela en mi mirada
un prejuicio corpulento
que molesta más que una viga.
Mis ojos necesitan derramarse,
no pueden almacenar
tanto objeto sólido,
tanta madera y tanto mármol.
Las nubes que hay en mi retina
tienen que llover
para hacerme río.
A medida que envejezco
lloro con facilidad,
me emociono en el cine, en la calle,
en casa, en la universidad,
en cualquier sitio.
Enseguida me caigo
por las nubes de mis ojos.
El corazón cada vez tiene
menos árboles gaseosos
y los latidos me golpean
con su tantán acuoso.
Benditas sean las lágrimas
por hacerme tan humano,
tan a flor de piel,
me ayudan a adaptar mi carne

a cualquier recipiente,
a precipitarme hacia arriba y hacia abajo.
Lloro cuanto más amo.

No es suficiente con dos manos

Versión de un poema de Boris A. Novak

No me bastan dos manos
para recorrer todas las calles
de tu cuerpo.
No me bastan para llegar
a tus rincones,
a las azoteas altísimas
de tus pezones,
al subsuelo profundo
de tu pubis.
Nunca llego hasta el fondo
de tu carne.
Siempre eres mucho más
de lo que mi verbo tocar puede.
Siempre hay algo en ti desconocido,
que se oculta
ante la enredadera de mi tacto.

Sobre la verdad

La verdad no, mi verdad.
Mi verdad se escribe con mayúsculas,
usa tu perfume y toma carne
en tu cuerpo desnudo.
No me invita a ser
fundamentalista ni funambulista
pero en ella mi vida
apoya sus cimientos.
Esa verdad es un cielo
en el que solo me queda
ser creyente y aviador.
No creo en una verdad
que no ame, que no respire
y no tenga el calor de la sangre.
Se me reveló
en el portal de belén de tu mirada.
¿Para qué quiero otra ciencia
que tenerte a mi lado?
Por mí se pueden frenar ya
todos los avances científicos,
se puede detener la ingeniería.
Al pan, tú, y al vino, tú.
Yo conocí la verdad
cuando llegaste a mis sentidos.

El 5 %

Ya sé que compartimos
un 95 % de nuestro ADN
con el mono.
Pero el 5 % restante
da mucho de sí
y es definitivo
cualitativamente hablando.
Es donde el hombre se la juega.
En él cabe Tchaikovsky, Homero,
Jesucristo, Hitler,
Gandhi, Calígula y Teresa de Jesús.
En ese espacio el hombre lucha
para hacer de su vida
una obra de arte
para bien o para mal.

Hegesias el cenizo

El filósofo Hegesias de Cirene
era mucho más que pesimista.
Pensaba que la felicidad
era una palabra hueca
y que el cuerpo y el alma
estaban infestados por un virus
llamado sufrimiento.
Por eso la única posibilidad
es disolverse en la nada cuanto antes,
quitándose la vida.
A veces pensamos que somos el león
que se come a la gacela
pero en realidad somos la gacela
que es descuartizada por ese león
llamado dolor.
Al recomendar la muerte
lo llamaron Peisithanatos; o sea,
persuasor de la muerte.
Intentó predicar con el ejemplo
subiéndose a una montaña
para morir de inanición.
Unos amigos lo encontraron
y trataron de convencerlo
de que el hambre le había anulado el juicio.
Para él lo único bueno de la vida
es que fuera lo más breve posible.
Al ver la vida tan oscura
se dedicó a alimentar el apetito de la muerte,
aunque muriera de un fatídico ayuno.

Ejemplo de no retorno

Y ya sabía
que no había marcha atrás.
Acababa de quemar
todos los barcos.
El semen ya subía
por la chimenea
buscando la salida del cráter.
La eyaculación no podía detener
la evacuación del mineral magmático.

La banda del club
de corazones acompañados
del sargento Pimienta

Homenaje a The Beatles

¡Qué gozada es estar en un ángulo,
atrapado en el placer de un libro
y con una compañía cerca!
¡Qué gozada saber
que si dejo el libro
enseguida estás tú para escucharme
y regalarme un abrazo!
Me encanta leer
sabiendo que estás al lado,
que en cualquier momento
salgo del mundo de Oz de las letras
y la vida se me ofrece
en carne y hueso contigo.
Y tú también eres un libro
porque leo la vida
a través de tus ojos,
de tu estar junto a mí.
Eres ese libro
que me ha hecho vivir
las mejores vidas que he vivido.

Puedes bañarte dos veces en el mismo río

Contra Heráclito

En algún momento de su curso
el río se relaja y echa unas raicillas
como si quisiera plantarse.

En el cine

Cuando estoy en el cine contigo
siempre pienso que a tu lado
ya vivo la mejor película,
que supera con creces
la que proyectan en la pantalla.

LA CAMISETA POR DENTRO
DEL CALZONCILLO

En la cama no puedo dormir
si no me meto la camiseta
por dentro del calzoncillo.
Si no, noto un mordisco de frío
en la riñonada
o siento que falta algo
en mi rito hacia el sueño.
También hay que ir
bien vestido
hacia los brazos de Morfeo.
La ropa justa,
dejando que casi todo lo hagan
las sábanas, el edredón
y el cuerpo de ella,
y el corazón anhelante
abierto a ver
qué depara el subconsciente,
qué sacará a flote esta vez
de los archivos reservados.
Y dejar que nos arrastre
el sueño en su plenitud
de fábula.

Aumenta la longevidad
de las mascotas

Está aumentando la longevidad de las mascotas
y yo me alegro.
Me dice un veterinario
que en su clínica ha visto
perros de 18 y 19 años,
algo fuera de lo normal.
Bastante tienen los pobres
por aguantar su corta vida
en la lotería natural.
Ahora ya no son
tan relevantes problemas
como la rabia o los parásitos,
sino los relacionados
con la artrosis, el cáncer,
el sobrepeso y la diabetes.
Me cuenta que algunos sacan
a sus perros acompañados
de un carrito de bebé,
para solucionar
las dificultades de movilidad.
¡Qué bien disfrutar
de su cercanía tanto tiempo!
Son maestros en saber vivir
y tienen mucho que enseñarnos
cuando el envejecimiento
deja el cuerpo al borde de la ruina.

HOMENAJE A LA CANCIÓN
PERFECT DAY DE LOU REED

Un día perfecto
tiene poco de especial.
Haces lo de siempre
con el espíritu de lunes.
Vuelve a aplastarte
la burocracia en el trabajo.
Hay que comprar leche
y hay muchísima gente
en el supermercado.
Al doblar una esquina
te has encontrado un miedo
que te persigue con su olor a cenicero.
Es cierto que has hecho un descanso
para tomar una cerveza,
para reafirmar que ese tiempo
es exclusivamente tuyo,
como si lo sacaras de tu caja fuerte.
Las discusiones volverán
a quitarte la razón
y a dejarte más desnudo.
Te costará muchísimo
encontrar aparcamiento.
Pondrán en la televisión
un programa que no te gusta.
Te contarán muchas cosas
que no te interesan
y te costará mantener la atención.
Hay que llamar al dentista por un empaste

pero ya han cerrado.
Cuando te metas en la cama
notarás que has llegado
a ser el que eres por los pelos,
ha sido difícil mantener la cordura.
Pero mañana renacerás
de tus cenizas,
como el ave fénix.
Resurgirás por encima de todo
y te reconocerán en tu cuerpo
como si todas tus piezas
encajasen al milímetro.
Darás una oportunidad al amor y la belleza.
Tu predisposición para resurgir
hará que ese día
sea naturalmente perfecto.

El abanderado

Debajo de la bandera
hay otra
que es interpretada a tu manera.
Y otros verán detrás
de esa bandera otra.
Cada bandera es un árbol
de banderas.
Y tú llevas el mástil
de la que consideras hoy
tu bandera.

LLUVIA EN MI CAFÉ

Pongo mi café
debajo de la lluvia.
Ojalá esta me ayude
a verlo todo como ella:
con su mismo grado de igualdad,
porque cae del mismo modo
sobre una rosa
que sobre una bolsa de basura.
Y no solo con los ojos abiertos
sino con todo el cuerpo
lleno de luminosa vigilia.

Tu voz

Todo me habla de ti.
También lo que no tiene voz,
lo que está bajo tierra,
lo que no existe.
En todo oigo
un eco de tu presencia,
una palabra que solo
ha podido salir
de la panadería de tu garganta.
Y yo solo deseo
estar en silencio
para escuchar tu sinfonía.
Mi mundo vive y gira
agarrado al tono de tu voz.

Teoría de la alcachofa

Ser como la alcachofa
que en cada una de sus hojas
hay algo de su corazón.

Mozzarella

*Otro poema sobre el recogimiento del cuerpo
después de un encuentro amatorio*

Acabamos de hacer el amor
y ahora toca
recuperar el cuerpo de antes,
volver a tener los brazos de antes,
las piernas de antes,
las pulsaciones de antes.
Después de una mezcla homogénea
recuperamos nuestros ingredientes.
Regresamos a ese yo en el que estamos
en las fotografías,
al que ven todos los vecinos
y los compañeros de trabajo.
Me puedo equivocar
a la hora de recoger mi cuerpo
y quizá me lleve un labio o un dedo
que no son míos.
Pero eso no importa.
No es tan importante ya
lo que pertenece a mi cuerpo
o al tuyo.
Cada vez se difumina más
la propiedad privada
después de tener el alma fundida,
igual que si fuese mozzarella,
uno sobre el otro,

un ser con todo lo que tiene de ser
y de no ser
sobre el cuerpo sideral de tu existencia.

LA DOLOROSA

Esa madre que se asoma
en la ventana de madrugada
porque no tiene noticias
de su hijo adolescente.
Lo llama al móvil
pero no contesta.
Está preocupada
por si le ha pasado algo.
¿Y si ha bebido más de la cuenta
o ha tomado drogas?
¿Y si ha sufrido un accidente?
La oscuridad de su ignorancia
añade más noche a la noche.
Le angustia imaginar que su hijo
ha entrado en el laberinto
y se lo ha zampado el Minotauro.
La madre sufre al sentir
que el hilo de Ariadna
se rompió hace tiempo.
¿Dónde estará a estas horas?
¿Por qué no ha llegado ya?
Así dormir es imposible.
Esa madre parece salir
de un cuadro de Hopper.
Le duele tanto este no saber
que es capaz de fundir todas las farolas.

Otra visión de Sísifo

Me arranco todas las rocas
para hacerme playa.
Pero vuelven a aparecer.
Mi Sísifo es que
por más que las quito
no tardan en salir
mis acantilados
una y otra vez.

LAS OTRAS BIENAVENTURANZAS

Bienaventurados
los que dan un consejo acertado,
los que escuchan
cuando todos oyen,
los que arriman el hombro
para descargarte peso,
los que te dan una moneda
cuando no te alcanza
para el pan,
los que intentan animarte
cuando tu cielo
está terriblemente nebuloso,
los que te ceden su asiento
cuando el reúma de la tristeza
erosiona tus pasos,
los que te ofrecen
una tila de belleza
cuando tienes los ojos a ras de suelo,
los que no olvidan tu nombre
aunque lo hayas perdido
entre el gentío.
Gracias a ellos no se notará
la ausencia de Dios
cuando esté enfermo
o se haya tomado un día
para asuntos propios.

El metapoema

Me dice que para qué
escribo un metapoema;
o sea, un poema
sobre lo que es un poema.
Me argumenta que eso
carece de interés,
no emociona al lector.
Teorizar sobre la poesía
solo es atractivo
de cara a la galería de los poetas
y los profesores de literatura.
Me recalca que ese poema
es aburrido, suena a hueco,
apunta a la mano
que señala la Luna
en vez de la Luna.
Que es mejor que escriba
sobre el hecho de vivir,
que me ocupe de lo que siento,
pienso e imagino
porque eso me predispone
a tener un corazón universal.
Creo que tiene algo de razón.
Quizá escribir poemas
sobre lo que es la poesía
aburre a las ovejas
y refleja que el poeta
no ha encontrado otro tema
para columpiarse en el Olimpo.

VI
YA SALEN LOS TÍTULOS
DE CRÉDITO

ORACIÓN

Final A

Te pido, Señor,
que no me hagas destacar en este mundo.
No quiero estar en el grupo de los satisfechos,
los distinguidos,
los que se suben a las tarimas,
los que lucen muchas medallas en el pecho,
esos a los que la gente aplaude y felicita.
Quiero estar lejos
de lo que el mundo considera el éxito
y suele provocar la envidia.
Prefiero caminar en silencio,
escondido en la sombra
de quien se considera uno más
y goza en su condición de soldado raso.
Prefiero ser uno de tantos
y que me busquen siempre a ras de suelo,
a punto de perder el nombre entre los demás.
Me gusta pertenecer a la mayoría.
El amor se expresa siempre
en el lenguaje de la timidez.

Cierra bien el tapón

Final B

Si dejas el poemario abierto mucho rato
se le va el gas.
Ciérralo y agítalo
para que el sabor de sus versos
recupere sus burbujas
y tenga más garra.

Por favor, explícamelo

Final C

¿Qué habrá querido decir Santiago
en estos versos?
No lo sé ni yo
porque no siempre
estoy en mi cabeza.
A veces ni me acuerdo.
Pero tampoco quiero decirlo.
Es mejor que tú los reescribas
al leerlos.
Yo me aparto.
Ahora le toca al lector
ser el poeta.

Quizá no te guste mi poesía

Final D

Alguien dirá que mi poesía
es prosaica,
poco seria, muy filosófica
y a veces provocadora.
¡Qué le voy a hacer
si prefiero el jardinero
a la princesa,
la mancha del pantalón
a la margarita,
el higo chumbo
a la flor de plástico,
la mirada del vividor
a la del que trabaja
en una compañía de seguros!
Si mi poesía te gusta,
está bien.
Y si no te gusta,
también está bien.
Esta es mi manera de acercarme
a la vida y la belleza,
de vaciar todo lo que llevo
en los bolsillos.
Yo la amo
no porque sea alta literatura
ni merecedora de elogios,
sino porque la necesito
para entenderme y desentenderme.
Ese es mi premio.

Puede que sea muy poco,
pero para mí es suficiente.
Esto me hace moderadamente feliz.

SANTIAGO SASTRE

Nació en Toledo en 1968. Es licenciado en Derecho, doctor en Derecho y licenciado en Ciencias Religiosas. Es profesor titular de universidad en la Universidad de Castilla-La Mancha.

En poesía ha publicado *La escucha silente. Convento del oye* (1988), *Zoom* (1994), *La tierra transparente* (1997), *Dentro* (Premio Joaquín Benito de Lucas, 2005), *El reloj de Gulliver* (2009), *Agua corriente* (2011), *Los lagartos llorones y otros poemas* (2012), *Las flores del campo no quieren maceta* (2013), *Poeta en jamón york* (Premio León Felipe, 2014), *Arroz tres caricias* (2016), *Hablando de la vida con mis jugos gástricos* (2019), *A cuerpo gentil* (2020), *Una palabra tuya bastará* (2021), *Japonesismos en flor* (2023), *Poesía con patatas* (2024), *Homérico* (2025) y *Remover Roma con Santiago* (2025).

Es autor de dos antologías de poesía toledana: *Zocodoversos* (2010) y *La miel del bosque* (2016).

En ensayo ha publicado, en colaboración, *El vuelo de Ángel Palomino: Un acercamiento a su vida y a su obra* (2012). También apareció su estudio *Amansar el hierro: Vida y obra de Gabriel Cruz Marcos* (2021).

En narrativa infantil, *El Greco y el amarillo gruñón* (2014) y *La i que perdió su puntito* (2024), para quienes se inician en la lectura. La novela corta *Bigo y Bolo: Dos gatos en Toledo* (2019), para niños que ya saben leer. Y la novela juvenil, en coautoría, *Craco y El Greco* (2010).

En teatro, *A cuadros* (2014), *Tan alta vida* (2015) y *Ni temeré las fieras* (2019).

Y las novelas, pertenecientes al género negro, *Mazapán amargo* (2010) y *La última sombra del Greco* (2013), escritas en coautoría. Ha publicado cuatro novelas protagonizadas por el detective privado Augusto Alpesto: *Carcamusas de muerte* (2018), *Tijeras cortadas* (2019), *Bolo feroz* (2021), *Toledo al pilpil* (2023) y *Cristobalón* (2025).

También ha publicado dos volúmenes de microensayos y pensamientos: *La última camisa de Machado* (2022) y *Un gorila en el jardín botánico* (2024).

Sus últimas novelas son *Camatorio: Ama tu cama como a ti mismo* (2024), *Alejandra en la Ilíada* (2025) y *El viento es mi maestro* (2025).

Vivir necesita el fuego justo.
La impaciencia te lleva
a quemar etapas antes de tiempo.
La lentitud hace que el tiempo
se caiga de su bicicleta
por no mantener su pedalada.
Vivir es un ejercicio de equilibrio:
el de saber esperar a que la fruta
madure en su propia naturaleza.

Cada libro tiene su destino.
Toledo, 21 de marzo de 2026